瞭解你一歲的孩子

黛博拉·史丹納 著
(Deborah Steiner)

盧美貴、鄭幼幼 譯

三民書局

國家圖書館出版品預行編目資料

瞭解你一歲的孩子／黛博拉‧史丹納
（Deborah Steiner）著；盧美
貴，鄭幼幼譯.--初版.--臺北市：
三民，民85
　　面；　　公分
譯自：Understanding　your　1
　　　year old
參考書目：面
ISBN 957-14-2417-X（平裝）

1.兒童心理學

173.12

國際網路位址　http://sanmin.com.tw

© 瞭解你一歲的孩子

著作人	黛博拉‧史丹納（Deborah　Steiner）
譯　者	盧美貴　鄭幼幼
發行人	劉振強
著作財產權人	三民書局股份有限公司
	臺北市復興北路三八六號
發行所	三民書局股份有限公司
	地　址／臺北市復興北路三八六號
	郵　撥／○○○九九九八——五號
印刷所	三民書局股份有限公司
門市部	復北店／臺北市復興北路三八六號
	重南店／臺北市重慶南路一段六十一號
初　版	中華民國八十五年九月

編　號　S 52070

基本定價　肆　元

行政院新聞局登記證局版臺業字第○二○○號

ISBN 957-14-2417-X （平裝）

©1992 The Tavistock Clinic
©for exclusive Chinese copyright by San Min
Book Co., Ltd., Taipei, Taiwan, 1996
First published in Great Britain in 1992 by
Rosendale Press Ltd.
Premier House, 10 Greycoat Place
London SWIP 1SB

盧序——愛他・請認識他

淘氣「阿丹」上學的第一天，帶了個「阿丹塑像」及「錄音機」到教室上課。

原班老師久聞「阿丹」盛名，第一天上課就請病假，由代課老師上課。代課老師問阿丹怎麼才剛上課就「不安於室」的搬出「塑像」和「錄音機」。阿丹指著阿丹塑像說：「『他』是來代替我上課的，你瞧！他最乖了，不吵也不鬧！錄音機是用來錄音你講的課，因為我媽媽說你講的每一句話我都要記住。有了這些道具，我是不是就

可以出去玩了呢?」代課老師說:「你簡直亂來,怎麼可以找人代替上課呢?」阿丹理直氣壯的說:「可以有『代課老師』,為什麼不可以有『代課學生』呢?」

這個個案裡說明了當今教養與教育上的諸多問題,如果父母與老師瞭解孩子的發展與需求,也許「暴走族」的孩子就不會產生了。為了讓2000年的臺灣孩子有更生動活潑,以及更人性化的學習環境,上至教育部、教改會,下至民間各個團體紛紛卯足熱勁,扮起教育改革的「拼命三郎」。在參與及推動教育改革的過程中,我和一起工作的老師、父母們有快樂歡愉的經驗,但也有黯然神傷的時候,最重要的原因在於成人往往忽略孩子各個階段的發展與個別差異的需求,這也正是現今「教育鬆綁」窒礙難行之處,真愛孩子就必

須為孩子量身訂做適合孩子成長的學習環境。

三民書局為使父母與老師對孩子的發展能更瞭解與認識，同時對孩子的各種疑難雜症，能有「絕招」以對，將採由E. 奧斯朋(E. Osborne)主編「瞭解你的孩子」(*Understanding Your Child*)系列叢書，聘請學理與實務經驗俱豐的專家譯成中文以饗讀者。希望藉此，讓父母與教師在面對各個不同的個案時，能迎刃而解。同時在「琢磨」孩子的過程中，也能關照孩子的「本來」。

從初生到二十歲這一成長階段的關注與指南，在國內的出版品中仍屬少見。除了謝謝三民書局劉振強董事長及編輯同仁的智慧與愛心外，更盼你從這些「珍本」中，細體孩子追趕跑跳碰的童年，以及狂狷青少年的生理與心理上的種種變化與特徵。

愛孩子是要學習的，讓我們從認識孩子的發展與需要著手，然後真正的「因材施教」，使每個孩子健健康康、快快樂樂的成長與學習。

盧美貴

於臺北市立師範學院

民國85年8月1日

診所簡介

　　泰佛斯多診所 (The Tavistock Clinic)，1920年成立於倫敦，以因應生活遭遇到第一次世界大戰破壞之人們的需要。今天，儘管人與時代都已改變了，但診所仍致力於瞭解人們的需要。除了協助成年人和青少年之外，目前泰佛斯多診所還擁有一個大的部門服務兒童和家庭。該部門對各年齡層的孩子有廣泛的經驗，也幫助那些對養育孩子這件挑戰性工作感到挫折的父母。他們堅決表示成人要盡早介入孩子在其成長過程中所可能

出現的不可避免的問題；並且堅信如果能防患於未然，父母是幫助孩子解決這些問題的最佳人選。

因此，診所的專業人員很樂意提供這一套描述孩子成長過程的叢書，幫助父母們認識孩子成長過程中的煩惱，並提供建議以幫助父母思考其子女的成長。

著者

　　在倫敦大學完成語言學學位後，黛博拉·史丹納(Deborah Steiner) 曾擔任一所小學的兼職教師，並為英國廣播公司(BBC)的廣播學校和獨立電視公司(ITV)兒童電視節目寫稿。她在泰佛斯多診所接受訓練成為一名兒童心理治療醫生，現在她以資深兒童心理治療醫生的身分在恩菲爾德兒童與家庭服務中心(Enfield Child and Family Service) 工作，亦是泰佛斯多診所的客座學者之一。黛博拉·史丹納曾在心理分析學院接受過心

理分析醫生的訓練，目前也在一家私人診所擔任心理分析醫生的職務，現已婚並有三個子女。

她的著作包括《國內家庭和生活現狀》(*The Internal Family and The Facts of Life*)，刊於《心理分析治療雜誌》(*Journal of Psycho-analytic Psychotherapy*)(1989年)第四卷第一期。

作者的話：為了便於區分清楚，在本書的許多地方我常用「他」來指嬰兒，而用「她」來指看護者；當然我們知道照顧寶寶的人也可能是男性，而嬰兒也很可能是個女孩。

我要感謝我的同事迪麗絲・道斯(Dilys Daws),她在我寫這本書時給了我許多幫助。

著者

目錄

前言

本書講述嬰兒十二個月至二十四個月這一時

期的生活，而這一時期正是將嬰兒期與幼兒期連

接起來的一座橋樑。本書的主要目的是提供一些
孩子行為方式的背景知識，並描述這一年齡的孩
子可能會有的感覺。從十二個月至二十四個月之
間，孩子正不斷地學習許多東西，尤其學習做一
個獨立的人，能為他或她自己做更多的事情。孩
子的進展是很快的，但也會經常停止不前，或者
退回到嬰兒狀態。這些變化以及嬰兒和家人對這
些情況如何處理，將會影響孩子對自己的看法，並
幫助他建立與外在世界之間的關係。

　　第一年裡，母親和孩子一直處於忙於瞭解對
方的狀態下。如果一切順利，那麼他們會設法找
到一種相處的方式，至少在大部分時間裡能互通
彼此所需。在這段時間，孩子會完全依賴母親，在
母親日復一日的愛護和照顧之下，他的需要得到
滿足。然而嬰兒在很小的時候，並未意識到自己

十分依賴另一個獨立的人，且母親也會變得經驗老到而能滿足嬰兒所有的需要。從母親的觀點來看，她除了感到嬰兒只需要她而心滿意足外，同時也會覺得自己不斷地被「高貴的嬰兒」無休止的要求而付出。

當孩子的第一個生日來臨時，雖然這時的情況基本上還是一樣，但已在慢慢變化了。在慶祝孩子的第一個生日時，父母也要為他們自己能引導孩子安然度過人生最初十二個月的風暴而慶祝——這對他們和孩子而言都是一種非凡的成就。多虧了父母，孩子現在才能具備了對生活有力的把握，並且能繼續完成成長的任務。現在，嬰兒的眼界也開闊了，包括認識到他的母親是一個獨立的個體以及家庭的其他成員。此時嬰兒在盡情地蹣跚學步的道路中更加具有獨立個體的雛型。

孩子在十二個月至二十四個月這段生活時期是非常獨特的，因為在這段時間裡，孩子的身體以驚人的速度成長。對某些孩子來說，這種成長是躍進式的，而對其他一些孩子來說則會是緩慢漸進的。對這個年齡的孩子而言，這世界是一個奇妙的地方，有無數不同的秘密等待去發掘，而且孩子對發掘這些秘密所抱的熱情和執著也是快樂的一大來源。孩子們有一種能力是我們大人早已喪失的，他們會從看似平凡無奇的事物中發現趣味和重要性來，這種好奇心和精力像是取之不盡、用之不竭。

第一章

里程碑；
走路和說話

　　大多數嬰兒在他們第一個生日到來時，通常已學
會了自己四處爬行。對這樣一個孩子來說，下一步就
是站起來。然而，不是所有的嬰兒都願意費勁地爬動。
有一個母親敘述說，她的兒子似乎比較喜歡坐著，直
到十五個月時他才努力站了起來；他現在是個很棒的
演說家！珍(Jane)是一個從來沒有按傳統方式爬過的孩
子，她發現一種奇特的但對她有效的方式——坐在地
上，用她的左腳推動她的身體四處移動。她的母親愉

快地回憶說，當她聽到她父親把鑰匙插進門鎖的聲音時，珍就用這種笨拙的方法迅速挪到大廳。然而當她過完第一個生日之後，她父母親越來越擔心，因為她仍沒有表現出任何想站起來的意願。他們開始奇怪是否出了什麼問題。他們應該帶她去看醫生嗎？他們應該試著讓她站起來嗎？還是應該再等一段時間呢？大約在她第二個生日前一個月，使她父母親高興且放心的是她突然站了起來。有了這一步以後，珍很快就學會了走路。

有些孩子為了學走路，好像沒費什麼勁兒，而對另一些孩子而言卻充滿了困難。巴尼(Barney)經歷了一個很暴躁易怒的階段，當他學會站立但還不能走動時，他母親有幾個星期對他既失望又緊張。大多數父母帶著一種高興、驕傲而憂慮的複雜心情看著他們的孩子掙扎地站起來並且練習走路。當看到一個孩子站

起來、跌倒、又一次努力的站起來時，我們不禁被掌握這種走路的技巧所需要的勇氣和決心，以及必須在學習過程中加以克服的挫折所震驚。這是孩子能夠到達並征服的一個里程碑；對此，父母們會很投入，因為在某種意義上它是對他們長久以來所付出努力的一種肯定和回報。這些成長的里程碑有時對父母而言十分重要，如果延誤了就會帶來不安；如果嬰兒早一點走路和說話，尤其是如果他們的孩子比隔壁的瓊絲(Jones)女士的孩子走得還要快，父母將會為此感到驕傲並且暗自得意。這類競爭有些是自然的，但如果做得過分，這其實是反映出父母們更加在乎他們自己的成功或失敗而已。

對世界的不同看法

這個世界對某些人來說是一個完全不同的地方，這些人能自由地四處走動，他們無需外力的幫助就能走到另一個房間去拿別的玩具，環顧四周或陶醉在走路的體驗中。所以，一旦站起來，嬰兒觀察事物的角度就改變了，現在他的手可以自由的做別的事。與生俱來的求知慾望，雖然迄今為止還是局限於他自己和母親的身體，或外在的環境所給予的條件，然而現在終於有了更加寬廣的範圍。這時，嬰兒能夠碰到放在更高地方的每一件東西，因此東西就必須放得使他搆不到。連廚房碗櫃、壁架、旋扭、把手、開關、抽屜

等——突然間，似乎所有的一切都引起他無窮的好奇心。一個剛剛學會走路的孩子，正如一個作家所說，是「年幼的學步者」，他總是在走，好像被一種需求所驅策著：要不斷的練習以使新獲得的技能更臻完美。在這個階段，孩子看上去往往十分興奮，他總是興高采烈，並且對碰撞、跌倒毫不在意。這時，常有一種自以為是地認為自己幾乎無所不能的衝動使孩子相信世界是他的王國。一位母親說她女兒在這個階段好像有一種「對世界的愛戀」。

　　現在，我們蹣跚學步的孩子以自己的雙腳站立，更確定地處於成人的世界裡並且有能力地來去自如，他在心理上也在探索著進一步脫離母親。這種日益增強的獨立性，其外部特徵是伴隨著內心對自己的肯定，這種感覺需要被父母認可，不過有時他們不見得會心甘情願。這就意謂著感情上要重新調整，尤其是母親時

常有一種失落感，抱怨她和孩子之間不容外人介入的關係變化得太快了。對於那些曾經因她與其無助嬰兒之間的親密關係感到特別滿足的母親來說，要接受這種打擊，並接受這樣自主性與自我中心日漸增強的孩子，實非易事。

自相矛盾的是，與母親進一步脫離的想法使嬰兒必須面對跟以前不同的憂慮。當嬰兒感到無助，事實也的確如此時，他與日俱增的意識使他懂得有許多事情他不能做，這世界並非像他以前所想的那樣是他的王國及在他的控制之下。當他不得不面對自己的幼小與脆弱，尤其是當他更加清楚地知道仍是他世界核心的母親並不依賴他，而且擁有自己的興趣和慾望時，他的自尊受到了傷害。這使得他擔心自己會被遺忘或被拋棄，而這種憂慮經常會在蹣跚學步孩子的行為中表現出來。剛學走路的孩子經常從他母親的膝蓋上下來，

突然向前走幾步並很快跑回來，好像要確定母親仍在
那兒，自己依然能回到她的身邊。顯然的，五或十分
鐘的感情充電將使一個疲勞的嬰兒恢復過來，使他能
重新開始探險。這個時期我們也能看到的另一種行為
方式是嬰兒跑開之後並不回來,迫使他母親跟著他跑。
這種行為經常出於遊戲的目的，精力充沛的小孩子很
喜歡這種遊戲，有時不像孩子那樣精力充沛的母親也
喜歡，但這也表示出孩子的一種需要，確信母親在注

意他，並且不會遺忘他。在某種程度上，它也是一種
對母親親情的檢驗，以及試試母親對孩子尋求自由所
作的嘗試性努力的接受程度。許多嬰兒在剛開始時，只
有拉著母親的手指才敢走路，把她當作一個輔助物，就
像一個私人「嬰兒學步車」一樣。

搖擺於獨立和依賴之間的情緒

嬰兒短暫的獨立以及到廣闊世界探險的行為常常
被不時出現的不安與依賴所打斷，這時嬰兒感到自我
不完整而無法獨處。有一段時間，他可能不願意讓母
親離開他的視線之外，似乎太多的自由突然間令他恐
懼，那時，他真正願意的是做個無助的小嬰兒回到母
親的身邊。嬰兒總是跟著母親，緊抓著她的衣角，哭

著要母親抱他起來，甚至要跟著母親上廁所。對一些
嬰兒而言，這種情緒的動搖十分明顯而且令人煩惱；而
其他的嬰兒進展則平和得多。在某種程度上這往往跟
性情有關。母親的困難是要不斷地調整自己以便與孩
子的發展保持同步。她必須讓她的嬰兒按自己的進度
發展，而母親則要判斷，有時常常是直覺地判斷，何
時需要做一些積極的鼓勵幫助孩子克服某階段的膽
怯，或者當孩子看起來快超出自己的能力所及時要設

法阻止。有時這個階段的嬰兒似乎並不很清楚他到底要什麼——是要自由還是要約束。巴尼(Barney)的母親說,巴尼一會兒哭著要母親抱,但一把他放在膝蓋上,他立刻又哭著要求被放下來。他似乎希望能夠離開母親,但同時他又不能確定他是否能夠這樣做。

當一歲的嬰兒失去控制退回嬰兒狀態時,許多母親會感到擔心,唯恐他永遠不能獨立。要記住,這個年齡孩子的獨立性僅僅是指相對而言的,他們進入成人世界的短暫嘗試還不牢靠,而且你的一歲孩子仍舊是一個小嬰兒,無論在身體上還是精神上都還很需要母親幫助的。

說話

　　從生命開始的第一天起，母親和她的嬰兒之間就

一直在進行著溝通。母親用她的觸摸、眼睛和聲音來

表現這一點。母親對嬰兒身體上的照顧、她對待孩子

的方式對嬰兒來說也是一種心理上的體驗，母親在滿足孩子生理需求的同時也表達了她對孩子的感情。母親本能地跟嬰兒說話不僅僅是因為這是一種成人溝通的自然方式，而且也是因為她的聲音能夠跨越他們之間的距離。因此，當她沒有抱著嬰兒時，她的聲音對他仍產生一種「抱」的感覺。例如，母親的講話，常常是用詞句表達嬰兒在那一刻的感覺，或者當嬰兒好像在盯著某樣東西看時她就告訴孩子它的名字。一些母親比其他母親更常用她們的聲音與嬰兒進行這樣的交流，然而在嬰兒的日常照料中這樣對嬰兒說話是很重要的，如果孩子能逐漸習慣聲音，接著就會習慣詞彙了。

當孩子還是很小的寶寶的時候，就與母親進行溝通，只是以不同的方式傳遞同樣的感覺。嬰兒也許會邊吃奶邊盯著她看，當母親和他說話時他會揮舞著手

或者盡力地向她移動過去。寶寶會將頭轉向母親的懷裡，以便感受她的溫暖與氣味，而且孩子熱切的吸吮和撫摸母親的衣服或胸部就表示樂意與她親近。當然當他不安或疼痛時，他傳遞信息給母親的最重要和最快速的方法就是哭泣和尖叫，此時母親會立刻直覺地瞭解他的需要；不過，有時則需要經由反覆的摸索嬰兒哭泣的不同才能加以分辨。

和嬰兒說話的重要性

第一年快結束時，嬰兒會變得更加脫離母親，而能發出更複雜的聲音，並且模仿母親說的話。這樣做的能力不僅直接來自於渴望接觸的本能，而且也來自於傾聽母親說話的經驗。起先，嬰兒很高興發出聲音，

母親會重複一遍他發出的聲音以使孩子能發得更加清楚而精確。學會的第一個詞往往是媽媽或者爸爸，之後那個重要的「不」字就出現了。媽媽和爸爸，這些對孩子來說非常重要的詞彙彷彿天生就會說似的，不久其他的話語也就自然而然地冒出來。蹣跚學步的孩子接著學說的話會因為他的經歷和家庭興趣的不同而變化。不同的嬰兒之間，何時學說第一句話，以及以後學說話的速度，也有很大差別。有的嬰兒很早就累

積了大量的詞彙，而其他的嬰兒可能只對周圍的事情感到興趣，而不願放棄小嬰兒最初的溝通方式。如果你的嬰兒對周圍事物很機靈且有興趣的話，那麼孩子在這個年齡比別人晚些學會說精確的字詞，你不必太擔心。

一歲孩子慢慢地學會了提出要求，知道用說話而不是用信號或手勢來表示他們的要求，但在最初的時候往往兩者並用，而說話只是整個溝通的一部分。這種情形本身常常就是不用解釋就能明白的，或者不用聽出確切的詞彙，母親的音調已足以表達清楚。母親就是以這種方式教嬰兒怎麼說話，在這樣確定無疑的情況下，孩子弄清楚並學會如何運用正確的文字。母親和嬰兒說話時，必須經常使用某個字或詞，而且要說得簡單而清楚，但她也必須說句子，否則她的嬰兒會感到文字既單調又不連續。有必要再提醒一次，這

是大多數母親都要早一點做的事情，即使她們知道嬰兒不可能瞭解她們所用的確切詞彙。當母親準備食物時她應該告訴孩子她在做什麼，或者當她為孩子準備好要出門時也應告訴他將要到哪裡去，回家時要告訴孩子接下去要做什麼事等等。以這種方式聽母親說話，會使嬰兒習慣母親的聲音與字詞，同時又有絕佳的安全感，並且覺得自己也是參與其中的一分子。聆聽母親說話的音調和節奏對豐富嬰兒的經驗是很有幫助的，以後他會根據這種經驗來造句。事實上明顯的，聽某個人的孩子說話，就像聽這個人自己說話一樣。

童謠和膝蓋或手指遊戲像「繞著花園走」(Round and round the garden) 以及「女士們就是這樣騎馬」(This is the way the ladies ride) 等不僅非常寶貴，而且也深為孩子所喜歡。孩子不斷地重複，就對詞彙熟悉起來了，同時還能和母親或者父親有著親密的身體接

觸，而從中獲得樂趣。

隨著說話能力的增長，嬰兒也越來越有能力進行推理，與他人進行聯繫，並盼望著下一步行動。麥克(Michael)在十八個月時喜歡被他祖母帶去站著看附近鐵路的火車經過。在一輛火車來之前，他會半問半要求地說，「更多的火車正在開過來」；他已經能記起上一次看到的火車，並能把鐵軌和正開過來的火車聯繫起來。他說話的音調很豐富，顯示了他興奮中的不耐煩和期待,用這種語氣說話似乎可以幫助他忍受等待,這對一個孩子來說是很不容易的。

聽嬰兒說話的重要性

在嬰兒學習說話的時候，我們會發現一個很重要

的因素：嬰兒不可能只有單靠自己在大人的圈子裡學
習語言。這個過程的另一半是由母親和家庭的其他成
員與嬰兒說話並聆聽他的回應來完成的。育幼院裡的
孩子沒有對他們感興趣的母親或代替母親的人花時間
關心孩子的咿呀學語和他們以後的說話，因而孩子的
詞彙量就可能變得極為貧乏有限。一個大家庭裡的孩
子也可能說得較晚，大人似乎有很多話要說，而沒人
肯花時間和一個孩子說話以及靜靜地聽他在說什麼；在

吵鬧聲中，嬰兒試圖使別人瞭解自己的一番努力也因此付諸東流。一個大家庭如果有哥哥和姐姐的話，也常常存在著一種傾向，父母在孩子有機會設法說出正確話語之前，老早就想到他要的是什麼了。

　　在上床睡覺時，靜靜地坐下來，和嬰兒一起看圖畫講故事給他聽，是幫助孩子理解語言同時豐富其經歷的最好方法之一。起先嬰兒會十分樂意聽母親或父親為他講述，透過這種方式得到鼓勵開始自己試著說話。當能夠看著一只杯子的圖片，描述它想像它並思考時，這是孩子從嬰兒到這個年齡之間主要的智力進展，這已脫離了嬰兒時期只能將面前具體的東西反映到頭腦之中的階段。待在母親的膝上，與母親緊緊相偎，或者勞累了一天之後和父親在一起，會使嬰兒感到安慰，並且在學習的同時也與父母分享了快樂和安全感。

第二章

一歲孩子和家庭

在第一章裡談到一歲孩子越來越會控制自己的身體，並且更有能力探索外在的物質環境。開始說話也使孩子在自己與周圍事物的互動中能夠扮演一個更加積極、更加自信的角色。在這個階段，他所形成的各種關係都源自於早期他和母親的關係，並深受其影響，而且從中也形成自己作為一個人的內在情感。

對日益增強的獨立性反應

母親們對嬰兒自己的努力獨立有不同的反應。大多數母親感到放心的是曾經依賴性很強的嬰兒現在健康活潑多了，而且在某種程度上能夠自己設法處理某些事情。有一些母親比較保守，不能很快地適應嬰兒不斷成長的獨立性。另一些母親則因為太喜歡有一個

幼小且只依賴母親的嬰兒，因而她們不願意放棄這種經歷，並且暗地裡埋怨嬰兒不再像以前那樣地需要她們。還有一些母親，對她們來說和一個新生兒有著身體上的親密是一種不舒服的經驗，例如她們不願哺乳而寧願用奶瓶給他們餵奶，這些母親迫切地希望嬰兒能自己走路，能自己吃固體食物；當嬰兒變得日益獨立時，這樣的母親就覺得「解脫」了。事實上，大多數母親都承認有一段時期她們都有著類似的心理狀態。在這當中不僅環境可能起一部分的作用，而且母親從自己早期的經歷中發展起來的個性也在當中推波助瀾。當母親和親生兒之間獨特的關係不得不終止時，她們對這個年齡嬰兒的迅速成長的喜悅和驕傲就常常也會伴隨著傷感和失望。

　　一歲的孩子開始意識到母親有她自己個人的興趣與所關心的事情，是不需依賴他的。這情形會帶給孩

子不小的打擊。孩子必須有相當的機智和靈敏以便於正視這一個事實：即他並不是母親生活中的全部或核心。這種不得不面對的事實所帶來的痛苦，會有助於鼓勵孩子在別的關係中找到安慰，並且激勵他進一步探究和拓展他與其他人交往的經歷。在這個時期，其他成人和哥哥姐姐對嬰兒來說變得重要了，隨著嬰兒世界的擴大，父親成了一個日益重要的人物，無論這是作為父親自身的權利，還是因為他跟嬰兒母親有一種特別關係。

　　從一開始，嬰兒對待父親和母親的方式就有所差別。嬰兒和母親之間的感情很深，但有時卻是痛苦的。在某種意義上來說，嬰兒依賴母親卻不依賴父親。父親早上離家晚上回來，這種經驗使嬰兒在他與父親之間若即若離的關係中學會了分離，儘管孩子對父親不在身邊依然會有很強烈的感覺。父親在晚上再次出現，

這常常是一件特別的事情，而且這件事從某種意義上說是受歡迎的，因為它可以使嬰兒從自己與母親之間的緊張關係中逃離出來。對母親，嬰兒不僅感到愛戀，

而且也會感到生氣，尤其是當母親阻撓或使他受挫時更是如此；母親和嬰兒相處了漫長而勞累的一天之後，父親回家了，這對兩者都是一種解脫。父親回家後，在吃晚飯時說說話，這也許可以打破母親和嬰兒陷入的僵局或者解決一場爭執。如果父親不在身邊，其他的

大人，像祖父母或者與嬰兒很熟悉的親近朋友，都可以不時地介入，讓母親有機會喘息，使她可以消除整天和剛學會走路的嬰兒在一起的緊張情緒。

對父親的複雜感情

嬰兒對父親的感情也是很複雜的，無論男孩和女

孩都是如此。一歲的孩子已經更能夠把父母看成是一對，不過，這不是一個全然受歡迎的想法。當看到父母之間存在著一種友善且互相支持的關係時，嬰兒毫無疑問的會感到安全和放心，並且有時也很想被涵括在這種關係裡面。當父親回到家裡，父母在一起說話時，他也想參與其中，特別是當他學會了幾個新語彙或者有了一個新發現時更是如此。這是他現在作為一個獨立的家庭成員而具有的自然願望。但是孩子的感情仍然是很複雜的。父母的關係會引起他生氣和嫉妒，以致於也想要他們分離。他可能在晚上不情願地上床，或者有時在半夜裡起來擠在父母中間而不願回到他自己的床上去。現在他能自由地走動了，更用這種方式讓別人感到自己的存在。在白天，他要「參與」的想法也包含著要阻止父母在一起的願望。當麥克二十三個月時他會粗暴地喊「不許講話」，並且很大聲地敲打

他高高的椅背，清楚地表示他難以忍受父母彼此互感
興趣的融洽。

在這一年裡，男孩和女孩對父母親的反應差異變
得越來越明顯。對男孩來說，父親是一個他很崇拜且
想要模仿與效法的對象。然而小男孩仍對母親有著十
分強烈的占有感情，因此有時在他看來，父親是一個
想把母親帶走且在他想單獨跟母親在一起時，還會發
脾氣的巨大而可怕的對手。小女孩，和她的兄弟一樣，
也和她的母親有著很緊密的關係，並且開始希望效法
母親。她也想跟她父親有一種特別而親近的關係，這
種願望使她想和母親，那個她依然依賴的人較量一番。
女孩常常想擁抱她們的父親並顯得很親膩，這在某種
程度上有時會使母親感到受傷害與排擠。有時，嬰兒
對父母中的一人或另一人的偏愛很明顯，以至於父母
變得很難去處理自己的感情，特別是在他們爭吵或彼

此生氣的時候。

　在這個年齡，無論是小男孩還是小女孩，往往會對父親的氣憤或反對表現出比母親更多的不安。安娜(Anna)就是這樣。當她大約二十個月大時，一天，她聽到她父親用鑰匙開門時，她興奮地衝過去迎接。父親拿起了幾瓶放在臺階上的牛奶，安娜要求把其中的一瓶讓她幫忙拿去廚房。興奮之中，她把瓶子不小心掉落到地板上，瓶子破了，弄得一地都是牛奶和玻璃碎片。她父親立刻大為光火，兇巴巴地說了她幾句，安娜當場傷心得幾乎要崩潰。她低聲哭了起來並朝她母親跑去，母親把她抱起來安慰她。過了一段時間，她平靜下來後，才又能和她父親友好相處。從中我們似乎可以看到，當她想取悅於父親並向他顯示她有多聰明的強烈願望失敗時，對她來說實在是一件難以忍受的事情。

獨生子女與兄弟姐妹

　　如果一歲嬰兒是老大或者是獨生子女，那麼他和父母之間就有一種特別的關係。獨生子女擁有父母全部的愛和關心，而不用和家裡的其他孩子分享。但是這個嬰兒得承受很大的壓力把他所有的感情都集中在父母身上，並要使父母的確也把他們的關心和期望寄託在他一個人身上。做弟弟妹妹則意謂著，他們永遠不會有家裡的老大或獨生子女才能得到的特殊東西，並且從一開始就得為得到母親的關心而競爭。一個較年幼的孩子所贏得的東西，是立即成為一個擁擠和匆忙家庭裡已有的關係網中的一部分。這個孩子要花很多

時間來觀察哥哥姐姐的舉動，他時而迷惑、時而欽佩、時而警惕。他與哥哥姐姐相處的情況當然要取決於所有孩子的個性，但也取決於一點很重要的差異，就是年齡的差距。

伊麗莎白(Elizabeth)有一個五歲的姐姐安(Ann)和一個六歲半的哥哥查理(Charlie)，他們很親近。安和查理又愛又怕地期待伊麗莎白的出生，當她安全而健康地來到世上時，他們都很高興而且很放心。兩個孩子互相安慰並友善的相處，尤其，當他們的母親全神貫注地照顧嬰兒時，他們在一起似乎能幫助他們克服被冷落在一邊的心情。當嬰兒很小並且大部分時間在睡覺時，他們對她毫不在意；但當她開始學走路，並且越來越成為一股不可忽視的力量時，問題就嚴重起來了。

隨著年幼弟妹們才能的不斷增加，給那些年齡相

近而且他們自己也剛剛度過嬰兒時期的大孩子們帶來了難題。毫無疑問地，三歲孩子對他剛學會走路的弟弟或妹妹的進步感到由衷的高興，但有時他也因自己逐漸增加的不穩定感而感到威脅。威廉(William)剛剛三歲，而他弟弟詹姆士(James)才十四個月。當他母親在廚房裡為一個鄰居泡茶時，詹姆士坐在起居室的地板上和威廉在一起。威廉開始用一只黑蝙蝠的紙模型玩遊戲，他讓它在空中飛來飛去，詹姆士專心地看著並且高興地發出咯咯的笑聲。威廉讓蝙蝠飛得越來越靠近詹姆士，直到碰到了他的頭，使得詹姆士眨眼睛。然後威廉用它裹住詹姆士的頭，拉得緊緊的並蓋住了詹姆士的眼睛。詹姆士起先只是嗚咽，後來就大聲地哭了起來。威廉接著把詹姆士抱了起來說「我能把你抱起來」，但是卻讓他重重地坐到地板上。母親這時才走進房間看發生了什麼事，並且幫助詹姆士擺脫了麻

煩。

　　稍後當母親跟她的客人在講話時，詹姆士想爬到咖啡桌上去，威廉坐在他的旁邊，把他拉回到原來坐的位子，並且把他推倒。母親沒有看到這件事情，當她走過去看為什麼詹姆士在哭時，威廉說弟弟撞到了

自己的頭。從這裡我們可以看到威廉多麼妒嫉兩件事——他的母親和朋友說話，以及詹姆士正在開始長大並且能自己做事了。當他把詹姆士抱起來時，他似乎

想努力像母親般照料他，但終究他的妒嫉占了上風，因此他讓詹姆士重重地坐在地板上。這似乎表明威廉很想成為嬰兒來替代詹姆士，以便讓他母親把他抱起來並撫摸他。就詹姆士來說，對哥哥所做的事情是既高興又害怕。

「有時必須反過來保護大一點的孩子，以免他們妒嫉或生氣的弟弟妹妹傷害他們。」佐伊(Zoë)的母親回憶說，一次她的一個朋友來喝茶，而二十個月大的佐伊正很安靜地待在樓上。後來有人發現她一聲不響地坐在姐姐的臥室裡，正在剪她從梳妝臺上找到的姐姐的相片。佐伊似乎很不高興看到她姐姐早上和她奶奶出去度假。她的母親溫和地責備了佐伊，知道她在妒嫉且受到了傷害，當她把相片黏貼在一起時，母親就緊緊擁抱她，同時給予一些慰藉。

再次懷孕

在孩子進入第二年的生活時，父母們可能開始考慮再生一個寶寶。這個年齡的孩子正在快速地熟悉他周圍的人，甚至在他母親的懷孕症狀還不明顯時，他就會很快感覺到她在專心於別的什麼事。這可能是一種無法說明的感覺，覺得某些事情要發生了。隨著時光的流逝，母親膝上的空間越來越少，這個剛學會走路的小孩甚至在嬰兒出生以前就有被驅逐的感覺。當他對母親的再次懷孕感到特別生氣或受到傷害的時候，他的父親或者是慈愛的祖父母，將會成為他安慰和放心的來源。如果父母感覺到他受了傷並和他談一

談，允許他稍微宣洩出他的這種心情，這對他是很有幫助的。有時父母會發現他們初學步的孩子生氣和妒嫉強烈得令人吃驚 —— 例如他可能去踢母親的肚子，或者損壞自己喜愛的玩具。睡覺哭鬧、吃飯挑剔、常發脾氣或大小便習慣全忘了等情況，在這段時間裡什麼

事情都可能發生。一歲孩子以這種方式來表達對家中一件 —— 如母親再次懷孕等令人煩擾事件的強烈感受。用孩子能理解的方式與孩子談論即將來臨的新生

兒，尤其要談談他母親要分娩時父母對照顧他有什麼安排；這樣做有助於使他感到自己也參與在這件事情中，並讓他放心，儘管有新的嬰兒出生，他在家裡仍保有一個安全的地位。

❦❦

兼顧初學步的幼兒

兼顧初學步的幼兒需要相當周全的安排。特別是在白天餵奶的時間更需如此，母親得找到一種方法讓新生的嬰兒能十分安靜地吃奶，同時也能兼顧她那個容易犯錯的初學步幼兒。麥克(Michael)的母親給妹妹餵奶時，曾有一陣子被弄得不知所措，因為麥克不太能忍受看著這種情形發生在自己的面前。每當母親剛準備好要給妹妹餵奶時，麥克就胡鬧起來，這意味著

要母親不得不起身先解決他的問題。有時在餵奶的同時也得給麥克一瓶奶，他才會安靜下來。不過，後來她想到了一個主意，這使她輕鬆很多，她把麥克放在靠近她的遊戲圍欄裡，這樣她給嬰兒餵奶，同時也能與麥克在身體上保持互相的接觸。另一個母親則用別的方法解決了這個難題，她把大孩子放在她的另外一個膝蓋上，一邊給嬰兒餵奶時一邊講故事給大孩子聽。

母親離開的反應

和許多常有的荒唐想法恰恰相反，就是甚至很小的嬰兒也對他們周圍的事情很敏感，但是到了第二年，他們更能理智地弄清楚物體之間或事件之間的關聯。例

如，珍(Jane)十五個月大時，當她母親去把臺階上的牛奶拿進來時，她就會衝到冰箱旁，她知道牛奶是放在那裡的。當照顧小孩的臨時保姆來到家裡、母親塗上了口紅時，這時聰明的一歲孩子獲得母親要外出的信號——他也許已經在別的一些不明顯的細節上得到了訊息，例如：母親變得越來越匆忙，或者專注於她準備的食物。不同的嬰兒對母親要離開他們會有不同的反應。有的會立刻哭起來並纏著他母親同時把保姆推

開，不管那是他熟悉喜愛的人如父親或祖母也一樣；另一些孩子看上去好像不大在乎，但當母親回來時就會很暴躁。巴尼(Barney)二十個月大時，他的母親出去買東西，留下他和父親在花園裡玩了一個小時。他高興地爬到他父親用來建築石頭花園的大石頭上。當巴尼看到母親回來時，他就從六英寸高的地方掉了下來，並大聲叫喊；母親看出他感情上受到的傷害比身體上的更多，就把他從地上抱起來並且緊緊摟在懷裡。

有時，特別是在一次較長時間的分離後，這年齡的孩子在他母親回來時會冷漠地避開她，他可能需要哄一哄才能慢慢地恢復和母親親密的關係，就像他似乎必須拒絕她，因為他感到母親離開時已丟棄過他。在這個年齡以後，母親經常會有這樣一種經驗，嬰兒知道母親要出去後大吵大鬧，一旦她走了他又很快的平靜下來，這樣的嬰兒似乎需要母親把他的煩惱帶走。悄

悄地溜掉，希望孩子沒注意到，這種做法通常是一個錯誤。這樣的策略也許可以免除母親在孩子失望和生氣時立即感受到的痛苦，但常此以往地這樣欺騙孩子，就會逐漸失去他的信任並且使他感到不安。以後他可能會變得更難纏，因為他害怕會被突然的拋棄。其實，母親確定嬰兒已經餵過奶、很舒適、而且被很好地照料著的時候，她充滿信心和愛意地與孩子告別，這種做法可以幫助嬰兒更容易地面對分離。到孩子逐漸長大、更懂事的那時候，對母親要去哪裡和什麼時候回來作一個簡單的解釋，就能幫助他平靜下來。

短暫分離的價值

　　有時，母親和孩子彼此分開一會兒會有好處。整

天和一個剛學走路的孩子在一起，是令人厭倦而乏味的，而且母親也需要和成人作伴，得到喘息的機會。暫時離開一個不斷予取予求的孩子，意謂著母親能再回復精力。另外，對孩子來說，讓他知道他的妒嫉占有之心實際上不能制止母親為她自己做些事情的時候，這也會讓他從中鬆一口氣。在沒有母親的情況下自己去面對環境一會兒，將有助於他加深與別人的關係，例如父親、哥哥姐姐或其他孩子之間的關係；而且只要母親也在場，一個固定的代替母親照顧孩子的人將會豐富孩子的世界。

父母自然希望孩子長大變得獨立，但有時父母對此要求得太急，以至於期望超出了孩子的能力所及。因而會存在一種危險的情況，認為母親離開或回來時，嬰兒好像從來不注意並且也沒有作出任何反應這樣就是獨立。當母親離開孩子時，他提出抗議是健康而正常

的反應，這說明母親對他的重要性；如果他對母親的消失或存在一直漠不關心，這其中一定有原因，牢記這一點是非常重要的事。

住院

較長時間的分離有時是不可避免的，例如，如果孩子必須住院。這時，孩子的病房會不斷地堆滿孩子所需要的各種東西，通常有很多外表鮮豔而有趣的玩具，受過專門訓練的人員，也會前來看顧孩子。通常，醫院已作好準備讓母親陪伴孩子——與不久前的情形已有天壤之別，這樣孩子才不會在父母親將他送進醫院時感到沮喪。事實上研究顯示，如果母親至少能在一段時間裡照顧生病的孩子，那麼他就會恢復快一些。

無論如何，對一個小孩子來說住院仍是一次令人手足無措的經歷，甚至對成人來說也會這樣。這個年齡的孩子總是由母親或父親來照顧，如果父母沒辦法這樣做時則由另一個熟悉和信任的大人代替。大一點的孩子，向他簡單地解釋一下他們去哪裡以及他們將會遇到什麼事，這會很有幫助的。對語言理解能力較有限的小孩子，跟他們說將要發生的事情，會使他們

感到大人們能瞭解並體會到他們的恐懼。醫院和醫生可能使人膽怯，在這裡連父母也可能會因缺乏專業知識而感到不安，然而盡可能與孩子待在一起是值得去努力做的。有一點很重要的是不必欺瞞自己，以為這個年齡的孩子不是真懂得些什麼，因此他們也不會感到害怕，一般敏感的一歲小孩子幾乎不大可能對一個全然陌生的環境茫然而無覺知。

　　如果家裡有別的孩子，則母親不可能一直陪著生病的孩子，父親或祖父母也許可以替代，或者可能由鄰居來照顧別的孩子。如果孩子在醫院要待上好幾天，那麼可能的話偶爾帶別的孩子去看望他；這會讓住院的孩子有一種安全的感覺，他覺得自己是家裡的一個重要成員，家人並沒有忽視他，因此他應付眼前可怕的情況的能力也就增強多了。

　　如果母親能經常給孩子簡短的探視，至少會使孩

子安心地感到自己沒被遺忘，當然，父母要離開時他可能會哭得很厲害。這令人很不安，但確實也充分地說明，孩子仍然認為跟父母的關係十分重要；哭也有助於孩子表達他的沮喪，並且感到母親能和他一起來承擔。

母親再度外出工作

在嬰兒到了這個年齡時，許多母親已在考慮要回到工作崗位了，不管是因為經濟上的需要還是母親想重新恢復她的工作生活。如何找到一種最好的解決辦法的確是個問題，因為要同時考慮自己和嬰兒的需求。孩子怎樣對待分離一方面取決於他的性格，另一方面取決於他和母親早已建立起來的關係。在前面提到過

較晚才學會站立的珍，她在幼年時非常難以忍受與母親分開，雖然平時她是一個活潑快樂、同時和母親有著很好關係的孩子。為了幫助孩子面對分離，可以做許多事情，甚至可以藉機讓孩子和別人建立有意義的關係，把孩子留給其他熟悉而信任的人照顧，最好是在自己家裡，有孩子熟悉的一切東西，這樣是必要的，同時也讓母親感到放心。如果嬰兒能和他哥哥姐姐或另外的孩子一起被照顧，那就更好了。但是，無論安排得有多好，嬰兒的生活有一個大的變化，如母親又回去上班等，嬰兒仍會有一些不安的表現，這是很正常的。當第一個孩子安莉遜(Alison)一歲時，謝菲爾德(Shepherd) 太太回去上班了。她已找到了一個臨時保姆，保姆在第一年裡常常來幫忙照顧孩子，因此她們之間已建立了很好的關係。在母親開始工作幾個星期後，安莉遜有幾個星期不願意吃母親餵的食物——但

她和臨時保姆在一起時通常都願意吃東西，保姆說孩子胃口特別好。當然，謝菲爾德太太得知她上班時安莉遜心情不錯，並且吃得也很好，這對她來說多少有些安慰，但她同時得痛苦地忍受孩子暫時對她的排斥。

儘管適當地和母親分離是必要的甚至是有益的，父母還是不能期望這個年齡的嬰兒會有多少的獨立性。一歲嬰兒仍然很需要母親，把她看作最可靠的人，並從她那裡得到安慰。可能需要很長一段時間，他或

她才能夠自立並面對母親不在身旁的情況，不過，不可避免地是嬰兒好不容易建立起來的信心有時又不可避免地會崩潰，甚至退回嬰兒行為。

佐伊(Zoë)二十三個月大時就發生這樣的事，那時，母親開始把她留在一個獨立的小型遊戲團體裡，每天在那兒待上好幾個小時。佐伊第一天就允許她母親離開她，不哭也不叫，這使她母親和管理遊戲組的其他母親們感到很吃驚。然而她在遊戲組的時間裡，她一直緊緊地抱住她的午餐盒，以表示她對被留下的不安——她一秒鐘也不願意放下午餐盒，直到她回到了家裡，她才扔掉它並忘記了有這回事。大約一個月後，當她母親要離開時，她就變得越來越難纏而且焦躁不安，好像越長大越難受似的。

做一個單親爸爸或媽媽

到現在為止，我們一直在討論由父母共同撫養孩子的家庭裡，一歲孩子與他人的關係。現在，單親爸爸或媽媽撫養孩子的情況也十分普遍了，通常撫養的人是母親，但有時也會是父親。在下一章裡，將會談到這個年齡的孩子會發生的典型的一些麻煩事情和問題，它們會使父母感到特別擔心且束手無策。必須一個人處理這些事情，特別是睡覺和吃飯問題，對一個單親爸爸或媽媽來說更是倍感壓力。如果沒有外界的一些幫助和支持，比如有同情心的祖父母或一群友好的鄰居，那麼這種壓力有時是難以忍受的。由於經濟

上的需要，表示著母親至少必須要工作半天以上以使收支平衡，而找個好的保姆又會增加額外的負擔。因此，不妨與別的母親取得聯繫，這樣不僅可以分擔憂愁和焦慮，互相交換怎樣對付困難的方法，同時可以緩和一下跟孩子在一起時感到的緊張和孤獨感。當地政府的衛生探訪人員或社會工作者以及家庭醫生能夠充分地提供有關當地家長組織團體及活動的訊息，這對母親和孩子雙方都有好處。

第三章

一歲孩子和
日常生活

　　衝突和壓力是嬰兒漸長為獨立個人的
趨動力中的重要成分，這影響著他日常生
活中的每一個方面。我們已經看到孩子自
己日益獨立的感覺是如何地讓他自己興奮
和害怕，他進入大人世界的嘗試（有些時
候得意洋洋、自以為是，有些時候則退回
嬰兒幼稚的狀態），這一切都使他對父母的
要求不一樣了。

　　當你的孩子第一個生日時，他的日常
生活已經有了相當大的變化，也許更能跟
得上整個家庭的生活步調。然而，睡覺和

吃飯仍是他生活主要的部分，並且伴隨著日益重要的活動——玩耍。有規律的日常生活會給嬰兒一種有秩序而且可預見的感覺，並使他具有對事情都是連續的、不會被忘記的安全感。但是成長的道路不可能都是一路平坦的，在每天的生活過程中，將會有無數的變化和煩惱，有些是明顯的，有些是潛在或一觸即發的，在在都會干擾著你的一歲孩子。本章將討論這段時間裡，孩子日常生活中最常發生的問題。

睡覺的方式

作為大人，我們對「失眠」都很熟悉，通常是當我們有了心事，或不能解決的難題，或者也許是有了我們還沒有意識到的焦慮時，我們就會失眠。嬰兒和孩子同樣受到這種煩惱的折磨，並且經常引起睡眠不

安和惡夢，對小一點的嬰兒來說情況更複雜，他們不能用語言來表達他們的恐懼，甚至對他們自己也不行。如果一個孩子做了惡夢，就會使他在以後的晚上害怕睡覺。有人向一個父親問及他的兩歲孩子，他回答說，「她是很可愛，但她有一個令人厭煩的習慣，就是每次會在晚上醒來並且發出叫聲。我們夫妻倆中的一個走進去抱抱她，她立刻就會平靜下來，我們不知道她為什麼會這樣。」第一次她這樣時，他認為她做了個惡夢，但現在他擔心她是否養成了習慣。確實，我們經常不知道為什麼孩子在晚上會突然醒來。或許像上面提到的小女孩那樣，它已經成了習慣，需要花點時間來瞭解，以便對症下藥。安娜(Anna)的母親說了類似的事情——安娜晚上醒來時只要能看上母親一眼，安娜就很滿意——她總是把奶瓶帶到床上放在她的旁邊，然後緊靠著奶瓶睡覺，好像要確定沒有人會把它

拿走似的。這是一種擔憂分離的表現，孩子是害怕離開她的母親以及那個熟悉的白天世界。

　　嬰兒體質不同，他們需要的睡眠量也不一樣——這好像是一種生活的事實。即便同一家庭的孩子，他們的睡覺方式和所需時間也有很大區別。一個情緒緊張、患有絞腹痛的嬰兒比一個較平靜的嬰兒更難入睡。同樣地，有些嬰兒比其他的人要睡得深沈，而且不容易受噪音的干擾。母親的個性也連帶起著一部分作用，

如果一個母親過度憂慮，這會帶給孩子普遍的緊張而使他更難於入眠。

一歲孩子會逐漸形成一種有規律的生活，包括一次午睡和一次晚上長時間的睡眠。然而這一整年裡，許多嬰兒都會半夜醒來吃東西，也許事實上他們只是為了尋找更多的安慰而不是真的飢餓。許多母親也不願意放棄這一時刻的哺乳，因為這個時候是最安靜最沒有干擾的時候，而且能重溫孩子初生時曾有的而現在已失去不少的親密感。這個時期，孩子的成長中已經發生了許多變化，有規律的日常生活已經形成，然而這時堅持持續這種哺乳方式對母親和這個年齡的嬰兒也許仍是很重要的。

睡覺不安穩本身有許多種明顯的表現方式：嬰兒不願上床，他不能入睡，或者他剛剛睡著又馬上醒來，一個晚上要折騰好幾次。對這個年齡的嬰兒來說，上

床睡覺的時間通常在晚上七點左右，很可能父親這時
已經回家，可以抱他上床或給他講個故事，讓母親休
息一下。

　　這個時候通常有很多家務事要做，特別是如果家
裡有幾個大孩子，而且還要準備飯菜，那就更是如此。
不僅是這樣，幫助孩子練習走路、觀察、探索，還要
應付其他孩子，這些都是勞累的事情，然而要放棄所
有這些努力，把孩子這階段的培養讓與他人，顯然也
是難事。因為，這不僅意謂著放棄這個階段，而且也
把母親的天職讓給父親和其他大孩子。

按時上床睡覺的價值

　　習慣按時上床睡覺有助於一個過度興奮的嬰兒平

靜下來——它指的是一連串嬰兒知道的步驟，能逐漸把他引導到床上，使他對所發生的事物有種能控制的感覺——比如靜靜地回憶白天發生的事，以及考慮明天將要發生的事等。有位母親有一對二十三個月大的雙胞胎，對她來說嬰兒洗澡和上床的時間總有點手忙腳亂，後來採取了一個辦法，即輪流洗澡，並讓他們知道每天誰先輪到，這樣情況才有所好轉。

然而，無論怎麼溫柔而愛憐地哄孩子們上床，他們還是感到那是個孤獨的地方，這個年齡的孩子很典型地需要各式各樣的玩具陪同睡眠，放在自己身邊。這些玩具可能以某種方式放置，在嬰兒床裡每個玩具都有自己的位置。對母親和孩子來說，上床睡覺即意謂著分離，如果有熟悉的玩具在身邊，有助於孩子學會如何對付孤獨和冷落的感覺。他也可能把玩具和母親視為一體，覺得這樣是帶所有的家人一起上床睡覺。

　　麥克有一隻玩具熊和一隻熊貓——當麥克吸著大
拇指準備睡覺時，總是緊緊地抱著玩具熊，幾乎是用
一種奇怪的方式勒住它；而熊貓得放在小床的角上，靠
近麥克的頭，好像在保衛著他！也有一段時間，大約
在他十八個月大時，麥克喜歡開著窗簾以便能看見街
上的燈光，並要求衣櫃的門關著。珍第一年如果沒有
經常蓋的毛毯，她就睡不著。當她被放進小床裡時，總
是緊擁著毛毯覆蓋著臉，接著把兩個手指含在嘴裡，並

輕輕地拍拍蓋住她臉頰的毛毯角，她才會慢慢地睡著。佐伊上床時的玩具是一隻兔子——這個孩子先前好像在她的小床遊蕩，然後以某個奇怪的姿勢沈沈入睡，肚子總是朝下，緊靠著她的兔子睡覺。

　　許多這個年齡的孩子都十分喜愛一件特定的東西——一個玩具，一件毛毯，或者一條母親的圍巾，這種喜愛太強烈了，以至於孩子沒有它就感到不完整。孩子可能無論走到哪裡都帶著它，當然也有的只在晚上需要它。剛剛學會走路的孩子緊緊地拿著它，避免傷心或孤獨——它有點像母親的角色，給孩子一種內心的安全感。孩子吸大拇指（許多母親為此感到困擾），雖然是不必要的，但同樣也有填補空虛的作用，使孩子覺得可以緊緊抓住屬於自己的某件東西，也許使他回憶起嬰兒時渴望得到的乳房或奶瓶。

設法瞭解和應付睡眠的不安穩

孩子生活的任何變化都可能觸發某種睡眠的不安穩；例如他離開了家睡在一張陌生的床上，或者母親重新工作，因此不能再給他許多照顧了，或者家裡多

了個新生兒。這樣的變化和變動使他痛苦地感到自己是多麼依賴他人與脆弱，並且伴隨著一種怕被拋棄或遺忘的憂慮，這情形大都發生在一歲孩子的身上。前面提到過的憂慮會使人睡不著，這可能會變成一種習慣——珍在十五個月大時得了重感冒，她因此呼吸困難，在晚上會痛苦不堪地醒來好幾次。她的母親馬上進房安慰她，過了一段時間，珍好多了，但她似乎很喜歡自己一叫喊母親就跑進來的這個想法，並以此來控制母親。最後她母親不得不非常堅決，道了一聲晚安，讓珍哭著睡著。隨著嬰兒越來越明白父母是一對伴侶，他們會晚上叫喊或爬到父母床上，試圖讓父母分開，那是因為他感到妒嫉和孤獨。瞭解嬰兒有這樣的心情是極其重要的，但當他試圖侵犯父母的隱私時，如果讓他知道父母會拒絕他，那麼他可能會感到更安心。在這樣的情況下，父親比較容易對此扮演一種堅

決的角色。

　　嬰兒睡不安穩，這對父母來說也許真正困難的事情是不知道到底發生了什麼事，不知道是什麼東西使得嬰兒這樣不安、難於入睡，而父母必須想辦法解決它。絕望的父母的故事比比皆是，他們在半夜裡推著嬰兒小車沿著街道走，或者得在半夜一、二點鐘，痛苦失望地開車出去，而紅綠燈使嬰兒又醒過來一次，或者當父親很溫柔地把嬰兒從車裡移到嬰兒小床時，嬰兒又驚醒了。走著路、懷裡搖著嬰兒有時有點效果，而且父母兩人如果一起來分擔這種苦差事，事情會變得更容易些。對一個尖叫著、難哄的嬰兒，尤其是在凌晨兩點，一直要有耐心和愛意是十分困難的。這樣夜復一夜，會讓人無法忍受，所以必須設法可以讓母親休息一下，甚至喘一口氣。

　　有一位母親記憶猶新地說，她無法停止嬰兒的哭

泣因而感到無助，一邊來回走一邊生悶氣，當快要對
嬰兒大發脾氣時，她非常感謝她的丈夫接替了她。對
一個單親父母來說，這可能比惡夢更可怕，務實的措
施可能是至關重要的，例如：從另外一個大人那裡得
到一些幫助，以使母親（或父親）能夠睡上一覺。有
時，通常在父母讓孩子自己睡的努力終究無望時，父
母只得讓孩子跟他們一起睡，這個辦法可能有效，不
過這樣做也帶來另外一個問題，就是以後又得說服嬰
兒回到他自己的小床上睡覺。

　　如果晚上沒有足夠的睡眠，那麼第二天的緊張和
壓力就會更讓人們疲倦。而幾個星期甚至幾個月沒有
好好睡覺，這種積累起來的作用，對生活的確有不少
的殺傷力。告訴自己事情不可能永遠這樣下去，而且
它是所有的父母親都會碰到的難題，這樣也許可以讓
人得到一些安慰。和其他父母談談這種事情會有助於

減輕憂慮和失望。

哺乳：母親與嬰兒關係的核心

從嬰兒出生的那天起，嬰兒和母親關係的本質就
以哺乳為中心，廣泛一點說，對一歲孩子也是如此，雖
然日常生活和孩子所吃的食物種類都已改變。可以說

母親對自己身分的更確認及想做一個好母親的願望、為嬰兒提供營養，這一切就集中在她所提供的食物上。準備並提供食物表現了她對嬰兒的愛──當她這樣做時，在某種意義上她也把自己的一部分給了孩子，比如當她以乳房或奶瓶餵養嬰兒。當嬰兒感到餓了而急切地吃著食物時，母親會感到很高興，並相信自己將母親的角色扮演得很不錯。當嬰兒不餓、對食物不感興趣或者把它推開時，母親不只是承受焦慮──為什麼嬰兒不吃食物，更進一步說，自己也會有點被拒絕的感覺。在本章後面將會詳細地討論母親和嬰兒在哺乳中碰到的特定而又非常普遍的問題。

母親會特別擔心嬰兒吃的食物是否足夠，這種擔心在某種程度上源自於對另一生命所具有敬畏般的責任感。如果嬰兒拒絕進食或者吃得很少，母親就擔心嬰兒會生病甚至會餓死。事實上，極少發生嬰兒餓死

的事情──嬰兒的生命力很旺盛，他只需要大人看來很少量的食物就能茁壯成長了。普通的一歲孩子一天要吃三餐，包括固體食物和奶水，另外，一大早也許還得喝上一瓶奶或由母親餵奶，夜晚也是如此。

　　但是一般的孩子情況如何呢？每一個嬰兒進食的分量有很大的差異，不僅不同的嬰兒如此，甚至同一個嬰兒在不同的星期或不同的月份也會不一樣。長牙或一點小毛病都可能使嬰兒好幾天不吃食物。麥克十八個月大時得了感冒，他在一週內除了香蕉、牛奶和馬鈴薯片之外拒絕吃任何東西。日常生活中的一點變化或者家庭的一些變動也會有同樣的影響力。珍二十一個月大時，她的父母離開一個星期，她和哥哥留下來由所熟悉的姨媽和她的家人照顧。她整個星期都拒絕吃任何固體的東西，這使她的姨媽相當擔心，她的姨媽覺得這是珍對她母親離開她的一種抗議方式，因

此不強迫她吃東西。珍的體重因此減輕一些，不過，當她重新開始自己熟悉的日常生活後又馬上恢復了。某些孩子離開家幾乎不吃任何東西；而其他孩子在家裡吃得很少，當他們和其他人一起吃時，反而會吃得多一些。孩子如果單獨和焦慮的母親在一起，結果，孩子就會不願意進食，因為孩子也感受到母親的焦慮。

偏食

這個階段的孩子對食物有強烈的好惡，這種情況並不稀奇。有時它與偏好有同樣的性質，也就是說在一段時間裡幾乎只吃一種特別的食物而不吃別的，並沒有什麼明顯的理由，只是突然不喜歡而改吃其他東西。即使它們與怪癖有些相似，嬰兒還是希望這些偏

愛能得到母親的尊重。這一點在孩子的成長之中有這

樣的意義：一個初學步的孩子確定自己的身分，他需

要有充分的自由能對自己的喜愛作出聲明，比如，這

星期我喜歡蘋果，而不喜歡胡蘿蔔。

　　像大人一樣，孩子確實討厭某些味道或質地，這

些應該得到尊重。當珍第一次吃魚時，她馬上就很討

厭魚，而且在整個幼兒時期一直都不喜歡。珍，正如

這個年齡的許多嬰兒一樣，更加強烈地希望能夠自主

地決定接受什麼與不接受什麼，吃什麼食物以及用何種方式，她現在這樣是正在探索與母親建立一種比較分離的關係的可能性。她正在學習區別對待不同的事物。有的嬰兒可能會拒絕流質的嬰兒食物而只喜歡可以握在手中的硬質食物。另外一些嬰兒可能會堅持要那些軟糊糊的嬰兒食品。在不同的時間提供兩種食物，母親就給了她嬰兒一個自己決定和挑選的機會。

有一個常見的難題在這個年齡的孩子身上常會發生，即孩子突然堅決不吃東西，尤其是固體食物。孩子經常拒絕吃精心準備好的食物，這是件令父母很難以忍受的事情，同時母親常會對難管束的嬰兒感到強烈的無助、埋怨和氣憤。在這一點上，母親與嬰兒在意志上的拉鋸戰，很可能形成僵局，母親變得越來越生氣，甚至不理智，而嬰兒不吃食物的態度也變得更加強硬。遇到這種情況，嬰兒似乎只需要奶瓶或乳房，

而這就引起了母親的憂慮,她擔心嬰兒根本會長不大,而只喜歡停留在嬰兒狀態。這也開始讓人感到,嬰兒似乎在用一種新找到的自信來壓制和故意阻撓他的母親。遇到這種情況,用餐不再是令人愉快的事情,而變成一場充滿緊張和焦慮的戰爭。如果發生這種事情(並且一再重複地發生這種事情),就可能需要有別人介入並給予幫助,像父親或祖父母這些沒有捲入爭執的人。

不知道為什麼會發生這種事情,使得母親對嬰兒產生一種糟亂的心情,覺得他不是在前進而是在倒退,或者沒有得到恰當的營養,於是使得母親產生氣憤的對抗態度,像是說:「在吃完那些豌豆之前不許離開那張椅子!」這個時候母親應該問問自己:他或她吃「那些豌豆」是否真的很要緊。這樣做會有所幫助。而且如果他在吃別的東西之前要求先喝一瓶奶,是否有什

麼好的理由來說明他不應該這樣做？有些可能已經發生的事情使得嬰兒重新想要擁有象徵他嬰兒時期的事物。

　　麥克的妹妹出生之後，麥克就開始再次要求用他的奶瓶喝奶，儘管在這之前他對自己能拿有蓋子的杯子已很滿意。這種方式是他唯一能做來表達自己對新生兒的嫉妒，並表示自己的希望——想重新獲得他不久前剛失去的東西。這個年齡的孩子自然對成長感興趣，但他們仍是嬰兒，並且他們需要感到他們仍受到這樣的對待。作為一歲孩子的父母，需要相當的警覺性，懂得何時該讓孩子按照他自己的步子發展，即使有時候看起來似乎在倒退，同時也要懂得何時需要鼓勵孩子在成長的努力方面取得更大的進步。

　　當倔強的一歲孩子拒絕吃母親為他準備的食物時，母親可能需要費點力氣克制自尊心受傷的感覺，大

方地退讓一下，設法去找嬰兒喜歡吃的別種東西，或先擱在一邊，等嬰兒下一次用餐時間再嘗試。事實上，嬰兒可能只是在小試身手，聰明的母親要有所對策，會運用她的才能來確定嬰兒有合理而健康的飲食。有時回憶一下一天之中嬰兒到底吃了些什麼東西是有幫助的——這些東西作為飲食可能有點奇怪。但畢竟嬰兒還是吃完了，這就夠了。母親還需要問自己一個更困難的問題，即她是否敢於面對由於嬰兒公然地挑戰她的權威，而造成雙方在食物上起衝突的窘狀，或者自己是否埋怨嬰兒對她說「不」並且竟然變得更加頑固。當一個一歲孩子採取這種方式時，父母很容易受影響而感到完全無能為力，這個時候需要有相當大的心理承受能力才不至於以陷入爭吵來證明你比那個初學步的孩子更強大或更有力。

　　讓一個孩子自己吃東西，也意謂著讓他應付自己

做事情時的複雜心情。你的嬰兒一方面本能地希望長大，另一方面也不願意放棄做嬰兒被哺乳的特性。如果家裡有一個更小的嬰兒時，這種事情就會經常發生。當嬰兒要自己吃東西時，一些母親覺得要接受並鼓勵孩子這種做法比接受其他東西更為困難。弄得一塌糊塗在所難免，必須採取實際的辦法，比如讓嬰兒在容易打掃乾淨的廚房裡吃東西，母親可以因此減少煩惱等。

為了學習這項新技能，嬰兒有必要不接受母親餵他吃東西。嬰兒也需要有機會去嘗試，學習用手指抓食物以感受它的質地。對一個好奇的一歲孩子來說，如果面前放著一盤馬鈴薯泥或牛肉，這是千載難逢的好機會，他會又戳又擠，也許可能會試著放一點在他的嘴巴裡。就母親而言，這時需要做一些如何用牙齒咬食物的示範，也許在孩子忙著對付食物的時候明智地

做一些怎樣使用調羹給他看。學習使用調羹，開始時確實是件沒什麼大不了的事情，而正確的鼓勵會使你的孩子從中得到很大的樂趣。

以下將詳細談到馬丁(Martin)女士和女兒安娜(Anna)碰到的困難，之所以選擇這個例子，是因為這是母親和這個年齡的嬰兒在一起時會碰到的最普遍的情況。

從一開始安娜就是一個很難餵奶的嬰兒。她不僅吸得慢而且容易分心，因此餵奶要花很長一段時間。此外，她每次吃奶後，總要嘔吐。儘管如此，她仍一直在長大，體重也在增加，雖然她從來也不是一個胖寶寶。馬丁女士一直擔心安娜有沒有吃飽，她用母乳餵了幾個星期後，就換用奶瓶，安娜很配合，因此馬丁女士的憂慮才減輕一些。一直到安娜一歲大時，她用奶瓶喝奶，並吃一些固體食物，不過沒有太大的興趣。

下面即是安娜十三個月大時的一次典型的進食情況。

安娜坐在兒童專用的高椅子上，看著她的母親為她準備食物。起先母親給了安娜一杯柳橙汁，她只喝了一點點；接著給了一杯水，她在吸了幾口後堅決地推開；然後母親又給了她一小杯牛奶，安娜急忙拿了過去，仰著頭把它喝完了，然後盯著天花板看，眼神有點發楞。馬丁女士又舀了一湯匙的麥片給安娜吃，她只吃了幾匙就轉過身去，拱起她的背，躲開伸過來的湯匙；她的態度很堅定並掙扎地想從高椅子裡下來。馬丁女士又試了好幾次還是沒用，就說「好了，我不再勉強你了」，並把她從椅子裡抱出來。馬丁女士放一些音樂，安娜一邊揮動她的手臂一邊聽著，顯然很喜歡。過了一會兒，馬丁女士抱起她並再把她放回到高椅子裡，當她被椅子困住後安娜變得越來越不安穩。不過，她立刻被一個她母親放在盤子上的帶有小球形把手的

蓋子吸引住了，她母親趁機又把幾匙食物放進了她的嘴巴裡。然後安娜很快又像前面一樣躲避伸過來的湯匙，直到母親放棄再餵她的企圖。

在這次進食的過程中，安娜表明了她對湯匙裡的固體食物有著十分矛盾的情感，而對她的奶瓶又是多麼的著迷（好像藉著它，安娜又進入她自己的世界而遠離母親）。馬丁女士起先似乎還能忍受安娜有力的拒絕，接著她自己對安娜有沒有吃飽的憂慮再次抬頭，她情不自禁地想讓安娜吃更多的東西。安娜按要求只吃了一會兒就又堅決不要了，並迫使她母親放棄這個念頭。許多母親和剛學會走路的孩子都曾經歷過這種意志的戰爭，在安娜和她母親之間好像有越演越烈的危險，而這種衝突往往發展到很嚴重的地步。從這事後獲益的是，是否能提供一些方法防止這類的情形繼續擴大，並且幫助安娜也接受固體食物呢？事實上，當

安娜在看母親準備食物時，她看起來是很平靜。如果這個時候馬丁女士在盤子裡放些可以用手指抓的食物，在飢餓的驅使下，安娜就會更有意願主動去吃掉它或留下它；或者馬丁女士可以在盤子裡放些麥片，讓安娜在吃之前自己去「搜尋」一番，而母親再去準備奶瓶。當然這也意謂著母親不得不忍受一些亂七八糟的場面，並且還得面對嬰兒對食物不感興趣的可能性；在這種情況下，用湯匙試了幾次後，把所有的東西都拿開也許會更好些。重要的是要讓嬰兒感到固體食物是他能控制的東西，而並非強塞進他喉嚨裡的。安娜如此喜歡自己的奶瓶似乎包含了一種拒絕她母親的因素，而這是馬丁女士很難忍受的。當安娜用她的奶瓶喝奶時，她甚至不喜歡母親抱她。有時嬰兒從吸奶瓶的動作中明顯得到身體上的喜悅，在上面的敘述中安娜就是這樣（或從乳房吸奶），這對母親影響很大，並

會使她擔心嬰兒永遠不會放棄這種方式。

　　餵安娜吃東西的情形的確很緊張。馬丁女士試圖用所有玩具來分散嬰兒的注意力，以便可以偷偷地把湯匙塞進安娜的嘴裡。事實上，只有一些時候是成功的，因為安娜變得越來越機警，而且以後堅持拒絕吃任何用湯匙盛來的食物。有一次馬丁女士十分氣憤，她重重地把碟子放到托盤裡，對安娜說「好吧！那麼你自己吃吧」，說著就走開了；接著安娜嘗試性地把她的手指浸到食物裡，並且吸乾了它！馬丁女士擔心安娜吃不飽，因而她給了安娜一大堆的食物；這些食物如果她讓安娜全部吃下去的話，那麼在晚上她就會嘔吐或情況更糟糕。有一次，安娜被迫吃了很多炒蛋，接著又給了她香蕉泥與優酪乳，這兩種東西都被她堅決地拒絕了，這一點也不奇怪。作為大人，我們知道在不餓的時候把大量的食物放在我們面前會引起類似於

恐懼的感覺；同樣，對一個嬰兒來說，當大量食物本身引起他們的憂慮時，他們會挑剔或感到厭食。有時嬰兒感到不怎麼餓而不吃飯，這對他不會有害處——他也許比較願意下一次再吃。

控制和訓練

現在，我們的一歲孩子自己正在嘗試著——朝著分離和自主邁出了第一步。他剛學會的一個單字可能是「不」——這對他努力做一個有自我意識並且有自己思想的人是必須的。為了取得進步並學會為他自己做事情，他必須拒絕接受父母想為他做事情的願望。這就意謂著以另一種方式發展（和父母期待或希望的方式不同）。這與進食的情況一樣，強迫一個孩子變成一

種特定的模樣，或形成某種不適合他的東西，其結果往往是適得其反的。例如想讓一個天生文靜或害羞的男孩成為活潑而外向的人，很可能產生相反的結果，並使他感到焦慮，擔心他的氣質不能被他父母所接受。

讓你的孩子說「不」

給一個孩子時間和機會來讓他自己發現他的能力和智慧，這是相當重要的。這意謂著要聽他說話，並且盡可能認真地對待他的「不」。如果在這個年齡自然傾向的說「不」從不被尊重，那麼他可能變得過分順從，因為他也非常需要他父母的愛和贊同，不然就完全相反變得很固執。大部分的父母，如果有人問他們的話，都會贊同地說，他們希望自己的孩子長大成為

一個有自己思想的人，而不是卑屈地聽從他人的指令。

說「不」毫無疑問包含了好鬥和拒絕的成分，而且在這個決定性的階段，孩子需要有一些這樣的經歷，即能夠表達這些感情而不會受到懲罰或者使自己感到僅僅是頑皮而已。當孩子在空閒時想為自己做些事情，大致上如果他有被尊重和被接受的感覺，那麼當別人在必要的時候催促他時，他會更願意合作。同樣，如果給予他適當的自由去探究、去把事情弄清楚，那麼，一

旦到重要的、必須遵守的時候，他會更願意遵守規則
和禁令。

紀律和懲罰

　　剛學會走路的孩子的父母常常會陷入困境，不知
道怎樣管束他們的孩子；有時全然不知是否需要約束

孩子，他們唯恐紀律會束縛孩子的自然成長和自由表達。紀律，在我們看來，與懲罰決不是同樣的東西，懲罰通常意謂著遭受肉體上的痛苦或者對孩子的某種剝奪。所有的父母，在某時可能給予孩子某種懲罰，比如在氣憤的時候打孩子一耳光。如果這種懲罰是例外，而不是常常發生的事情，那麼孩子也許會正確地認知到這次自己做得太過分了。對孩子來說，這可使他明白父母的耐心並非是無限制的，進而對父母心生敬意。一個人希望自己總能被瞭解或忍受，這是不合理的想法。另一方面，打孩子永遠只會使他更叛逆或者更糟，這只是教會他：力氣大是最要緊的事。當父母看到某些行為使他們想起自己敏感的事情，或者對他們有很壞的影響時，他們會過分嚴厲地對待自己的孩子。一歲孩子有時不能控制十分強烈的感情和衝動，結果他會做出一些令自己感到害怕的事情。在這樣的情況下，

他需要感到有一個強有力的父親或母親或別的大人在身邊，他們會控制和停止所不希望發生的行為，同時也不會對孩子有過分的懲罰。

當一個新生兒來到時，這種控制和約束的難事經常就會變成焦點，就是初學步的孩子心裡會充滿了妒嫉，並且怨恨新生兒。當大孩子這樣的感覺太強烈、自己無法克制時，他就會傷害嬰兒：過緊地擁抱嬰兒，或暗中猛擊一下或戳一下嬰兒，這種事會經常發生。一些父母覺得難於接受他們的孩子隱藏著如此消極而怨恨的感情，因而有意對孩子的行為視而不見。從長遠來看這是有害的，因為如果孩子的行為不被制止，他會對他所能做的事情感到害怕，而且傷害嬰兒使他感到很內疚。在這樣的情況下，父母不要懲罰孩子，而應該認知這種情感是正常的，同時要幫助孩子控制他的感情，並採取措施以防他做出傷害的事情來，這對

做父母的而言是很重要的。

父母親需要堅持立場

當一歲孩子的父母，有一部分應做的事情就是要弄清楚什麼時候該限制孩子，對他說「不」。有許多場合是需要說「不」的──比如，孩子在那一天已吃了

夠多的甜食或在澡盆裡已經玩了蠻長的時間。這種時候，對抗是不可避免的，同時，父母應該經得住孩子被大人否定和受挫所產生的怒氣。如果父母一致同意有些地方應該有所限制，那麼這些時候的衝突常常是可以應付得宜。如果父母在這一點上意見不一致的話，孩子會感到不知所措——假設父母中一人很寬大，而另一人剛好相反，動不動就用紀律來約束，結果時常會出現一種情況，孩子會挑起父母雙方發生爭執，並且會變得越來越善於操縱。有時對一個孩子而言，能夠成功地逃避某事，或者覺得可以敷衍一下媽媽或爸爸，是有好處的。但，一定要弄清楚什麼時候它只是個玩笑，什麼時候它確實是正經事。這個年齡的孩子是需要他父母來制止他傷害或粗暴地對待家裡的其他成員的。

如廁訓練

　　控制和約束在如廁訓練中才真正開始起作用。整

體而言，預期一個嬰兒在二歲以前（甚至更晚些）能

夠常保持乾淨清潔那是不切實際的。在這以前，嬰兒

不可能完全控制他的括約肌，更重要的是，他需要在情感上有所準備並願意配合這個過程。如果太早強迫他，他看上去可能在照辦，但當他掙扎著以其他方式對他的身體多加控制的時候，馬上又會失效了。

　　對於初生嬰兒而言，他們身體的排泄物跟他們心情的好壞關係密切。肚子裡充滿了熱奶水、嘴裡咬著奶嘴不放並吮吸著，這些事情使他在身體上對與他在一起並照看他的母親有了好感。肚子脹氣、整個膀胱或腸子給了他痛苦和不舒服的心情，他會本能地要排去它們，以便回到好的心情上來。這時，母親微笑著說「很好」「有進步喔!」來鼓勵嬰兒，表明母親對一塊滿滿的尿布或打嗝感到很高興。畢竟，有規律排泄的髒尿布是受歡迎的，它表明嬰兒的器官正在正常活動和成長。當嬰兒長大時，他更加知道他的排泄物會帶給母親喜悅，他因此把它們看作是給母親的禮物。

在第二年裡，隨著嬰兒不斷努力地建立他們的獨立性，他們開始認識到他們的排泄物是自己所有的東西，他們希望用自己的方式、在自己認為合適的時間排泄或保留這些東西。

對於這個問題，很重要的一點是要瞭解和尊重孩子的這些願望。桑妮(Sunni)的母親注意到，大約在桑妮十五個月大時，她會自己走到一個安靜的地方（通常擠在衣櫃和牆壁之間），在那裡她可以專心地把糞便排在尿布裡──一點也不讓母親靠近她。只有當她從那個她母親戲稱為「ㄥㄥˋ角（語音）」的地方出來時，才允許她母親幫她擦乾淨。這樣繼續了好幾個月，最後桑妮才被說服坐在便盆上大小便。

避免氣憤的爭執

如廁的訓練若能讓孩子在過程中擁有部分的控制權，那麼就大有可能成功。許多嬰兒要花很長一段時間才能完全乾淨清潔，這期間會發生很多意外，無論是真正的還是故意弄出來的。當孩子的排泄物被作為秘密武器用來對抗母親時，毫無疑問的，他們正在度過一個不想要再聽命於人的時期。如果母親能夠忍受她的嬰兒在這種事情常會出現的怒氣與反抗情緒，並且利用這種積極的衝動促使嬰兒不斷成長，那麼發生意志拉鋸戰的可能性就會減少了。父母鼓勵孩子進一步成長，並且把自己的穢物放在正確的地方，這些都

應該根據孩子的發展靈活地去做，因為孩子已經開始認識到身體的排泄物是怎麼一回事，不是小時候所認為珍貴的寶貝。如果突然說你的孩子髒，他可能會感到受傷和羞恥，並且他也擔心被認為是一個骯髒的人。

孩子快三歲時，他可能開始會向他母親表明他的尿布髒了，他或許走路是用一種怪怪的方式，或是在他臉上有著特殊的表情，或者像桑妮那樣走到房子裡某個特別的地方。你的孩子在這個階段可能會用他自己特殊的語言表達大小便。當有能力用一個詞彙表示它們時，表明他已經邁出了自我控制的一步。在正式使用便盆之前就在房子裡放一個便盆是很有幫助的，因為母親可以開始給嬰兒講有關便盆的事——拿給他看並解釋它的用途。以後她更可以向孩子說明，像爸爸和媽媽這樣的大人把他們的排泄物放在哪裡，並希望他也能這樣做。一旦你的孩子懂得了使用便盆，他就

能為以後上廁所做好準備，到時他就會在母親的幫助

下在廁所裡頭大小便並且沖乾淨。

發脾氣

在嬰兒發展的這個階段，我們已經看到他感覺到

自己好像被兩個方向拉扯著。你的孩子有一種天生的

強烈願望去找到他自己的生活方式，並更多地控制自己的世界和他碰到的事。為了這樣做，他得把他自己和母親區分開來，並且離開她。想要進步和成長的願望常常同另一種想和母親保持一種安全而特殊的母嬰關係的願望背道而馳。在這個階段，當你的孩子需要父母，並且明白他不能照自己所希望的那樣去控制事物時，他會更加痛苦地意識到自己的渺小和脆弱。有時這種內心的衝突太強烈，以至於情感失去控制，孩子就會發脾氣。

發脾氣是一種憤怒和挫折的混合產物，當這些感情變得太強烈以致於不能忍受時，孩子只有用一種劇烈的方式來發洩它們，就像他在嬰兒時那樣，他用身體的排泄物或者發出哭叫來消除自己不好的心情。和一個正在發脾氣的孩子在一起，對父母來說是一次頭痛的經歷。孩子也可能害怕他的情緒完全發作會傷害

他自己或他母親。如果在一個公共場所發脾氣，那麼往往是件令人尷尬的事情，如果能夠拉著孩子到某個安靜的地方去，在那裡抱著孩子直到他平靜下來，這樣做無論對孩子還是父母都是有幫助的。然後你可以開始想辦法弄清楚是什麼事情使得孩子發脾氣。有一個母親敘述說，當她初學步的孩子在家裡發脾氣時，她會把孩子帶到一個角落；她似乎明白自己也很難控制住不對孩子生氣，於是就讓小女兒站在兩堵牆之間。一些孩子當他們發脾氣時，寧可獨處而不要母親靠近，接著他們自己恢復過來並振作精神。對母親來說也需要有機會冷靜一下。然後，努力恢復對孩子的那種充滿愛的感情，這是很重要的，也許在事後能用簡單的語言提起這件事，看看到底是怎麼回事。

從某種程度上來說，發脾氣是成長過程的一個部分，必須設法捱過去。如果孩子經常發脾氣，那麼父

母要問問他們自己，是不是他們對孩子的限制太多了，或者他們對孩子的行為要求的標準太高了。如果一個孩子得到太多的自由而沒有一種知道父母在必要時會加以限制的安全感，他可能感到有壓力，在成長過程中要被迫處理超出自己能力之外的事情。

恐懼

這個年齡的孩子容易形成各種恐懼，有時十分溫和，有時卻很強烈。這些恐懼似乎常常很不合理，而且令人很困惑的是對他們作任何保證和解釋似乎都沒有用。一種常見的恐懼是吵雜的聲音，例如吸塵器的聲音或者沖馬桶的水聲。有時這些恐懼在孩子熟悉它們後就沒事了。如果恐懼依然存在，很重要的一點是

不要故意將孩子暴露於這種恐懼的來源處而希望用這種方法來幫助他克服恐懼──這樣的方法只會使他感到更加的害怕。

很難弄清楚這些恐懼從哪裡來，因為它們經常突然出現，而且沒有明顯的理由，好像由孩子內在的某些東西引起的。甚至在大人看來沒有什麼好害怕的時候，對孩子來說，卻還是存在恐懼的真正來源，父母親承認這一點是很重要的。我們看到的在發脾氣的孩

子，他們有很強烈的感情，有時溫和而令人喜愛，有時生氣而具有破壞性，他所有的這些感情都與母親有關，因為母親仍是他生活中的核心人物和他所有感情的接收對象。當他氣憤而具有破壞性的感情達到最高點時，他害怕會傷害他的母親，而且也害怕母親會相對地作出反應，對他生氣並充滿敵意。這時，我們就可以理解那種突然產生無法說明的恐懼了，它的確來自孩子的那種破壞性的感情，當然，對於這些感情他會否認並歸咎於其他原因，比如說沖馬桶時不僅沖掉了大便，而且那種聲音彷彿也要將他吞噬，或者是怕狗的牙齒會咬他。在正常的情況下這樣的恐懼終究會過去的，父母記住這一點是頗有助益的。

在這一章裡，我們已經看到大多數父母在孩子生命中的這個階段裡會突然產生的一些憂慮與關心的事情。的確，撫養孩子無論在體力還是心理上都是一項

艱巨的工作，需要技巧、耐心，有時更需要很強的耐力。在早上必須和一個哭叫的孩子單獨相處上好幾個鐘頭，或因為孩子沒有胃口而極度的擔心，又或者孩子的行為與你的期望正好相反，使你憤怒到極點，這種時候要讓你相信孩子終究會「毫髮無傷」的長大成熟，這實在不太可能。這時，和配偶或和一些親近的朋友談一談可能會是一種幫助的方法，並且有助於恢復希望和幽默感。請教某些有較大一點的孩子的父母也很有幫助，因為毫無疑問他們都有過類似的經歷。另外，各種母嬰團體對母親和孩子來說都是一件好事，因為照顧一個小孩子是一件十分孤獨的事情，尤其對單親家庭來說更是如此。在母親的周圍有一個支持的聯繫網，這會使母親不時地可以恢復精力，而且有時間來真正享受孩子這段充滿樂趣、令人快活，而且永遠不再重頭的成長生涯。

第四章

玩耍

　　為什麼孩子要玩耍呢？一個直接但仍值得一說的
答案是因為他們喜歡；他們喜歡玩耍時的那種身體和
感情上的體驗以及探究周圍事物的機會。對口頭表達
能力有限的小孩子來說，玩耍也是一種表達他內心感
情和經驗的方法。對孩子的健康來說，玩耍和吃飯、睡
覺一樣重要。

　　提供孩子玩具和材料玩耍是重要的，但是太多的
玩具，撇開很昂貴的不說，還會使孩子無法學會自己

找東西來玩以及不能想出他自己的遊戲方式。另外，在一個安全的環境裡玩耍也是很重要的。現在該是把房間整理得儘可能安全的時候了，把貴重的物品移到孩子拿不到的地方，對父母和孩子來說，這樣做會減少許多麻煩，而留有更多的精力去應付那些孩子與父母在安全認知上可做或不可做之間無法避免的衝突。

在兩歲的時候，孩子便藉由玩耍開始瞭解外面的世界，並學習如何應對進退。當他們接觸外在世界時，他們也在探究大自然和他們自己感情和智慧的範圍。他們藉著自己靈活的使用及探究玩具以及各種家具的潛在價值來做到這一點，並且透過觀察和模仿別的孩子和大人來學習。一歲的可愛孩子對任何事情都感興趣，甚至對看上去很微小而對大人來說早已失去吸引力的事物也會樂此不疲。下面有個很動人的故事，講述了孩子在開始他們的發現時所持有的相當嚴肅的態度：米

爾恩(A. A. Milne)在他的《溫妮和普》(Winnie-the-Pooh)這本書中就寫到這種感人的幽默的地方，正如在他的故事《埃約的生日》(Eeyore's Birthday)中，當普給埃約一個蜂蜜罐（忍不住想吃裡面的蜂蜜）， 匹克雷特(Piglet)給了埃約一個氣球（他不小心沒拿好，它就離手破了）時，正表現了這一點。

當埃約看見那個蜂蜜罐時，他顯得很興奮。「好」，他說，「我相信把氣球放在罐子裡剛好。」

「噢，不，埃約」普說，「氣球太大了，放不進去。你能做的是，拿著氣球……」

「我才不呢!」埃約驕傲地說，「看，匹克雷特。」當匹克雷特傷心地四下張望時，埃約用牙齒把氣球咬起來，並把它小心地放進了罐裡；然後把它弄出來放在地上；接著再次把它拿起來並仔細地放回去。

「沒問題。」普說，「它能放進去了。」

「沒問題。」匹克雷特說，「它能拿出來。」

「不是嗎，」埃約說，「它跟別的東西一樣，能放進去也能拿出來。」

「我很高興。」普高興地說，「我想，我給了你一個能放東西的『好』罐子。」

「我很高興」匹克雷特高興地說，「我想，我給了你一些東西，可以放進一個『好』的罐子裡面。」

但是埃約根本沒在聽，他把氣球拿出來，又放回去，而且還特別的高興⋯⋯。

有了自由和機會，這個年齡的孩子有一種無限的能力，只用一般的東西就能從事一種有趣的活動——而這種能力是我們大人早已喪失了的。也許正是這種能力，使得觀看他們專心一致地玩遊戲很有吸引力。有一些他們很投入的事情，在大人看來似乎是件十分微不足道的小事，然而卻傳達出這樣的感覺——玩耍不

僅僅充滿了樂趣，而且也是一件嚴肅的事情。

為玩耍作準備

在一歲末及兩歲初的時候，嬰兒會很樂意用玩具敲打、推拉、又戳又擠；他喜歡玩燉鍋、蓋子和湯匙；他可能對門的把手、喇叭鎖、鑰匙和鞋子著迷；所有的東西毫無疑問他們都會去吸、咬、踢、摔、倒過來，甚至坐上去。對一歲孩子難以滿足的好奇心來說，這種可能性是沒完沒了的。在做所有這些事情的同時，他在學習瞭解事物的各種特性、它們是怎樣運作的、他能用它們幹什麼以及它們是作什麼用的。

到了十二個月大時，許多孩子已經對容器以及相關的東西，如：蓋子、門和把手等產生興趣。許多這

個年齡的孩子對此會花很長時間（如埃約那樣），把一種東西放進另一種東西裡，而且經常更重要的是還要把它們倒出來。因此在孩子開始把紙模型塞進去正確的洞中的想法感興趣前，首先就把一個裝有紙模型的郵政信箱拿來給孩子玩。這種事情的一種延伸是孩子對櫃子感興趣，他會打開櫃子並把裡面的東西拿出來。有一個名叫喬（Jo）的孩子，發明了一個可以讓他著迷很久的遊戲。他會坐在廚房的地板上，把所有的鍋子

和蓋子都拉出來，並把它們放在家裡一隻正好躺在一邊的溫和的狗身上，每一次狗都會站起來把所有東西抖掉，使得喬發出陣陣笑聲。安娜(Anna)對貓洞（大門下讓動物出入的小口）蓋子著了迷，當她看到貓走出去後，她就坐下來，前前後後地推那蓋子，並透過貓洞觀看，有時從洞口「遞送」各種東西。

探險般的玩耍

把東西放入其他東西裡面，然後再把它倒出來，這情形普遍為這個年齡的孩子所迷戀，因此不由得讓人推測做這種事對他們可能有一種特別意義。我們看到，一個在吃奶的小嬰兒，起先用他的眼睛觀察他母親的臉，後來就用他的手輕輕地拍打她或者把他的手

指放在她的嘴裡或鼻子上。在過去的幾個月，他一直在學習瞭解自己的身體——把他的手伸進耳朵裡，玩玩他的腳趾或者坐在澡盆裡撫弄自己的生殖器。男孩和女孩現在都對他們的生殖器官有所不同而感興趣，並對兩者之間不同的小便方式感到好奇。因此，當孩子把他的豌豆放進柳橙汁裡，或者把模型放入燉鍋裡時，他並不是對「正確」地做事情感興趣，而是想發現不同的東西放在一起會發生什麼事情，並去發現出物體間的空間問題以及相互的關係。很快的，他發現澡盆裡的水與洗碗槽裡的水有某些相似之處，而會衍生出無窮的興趣。

在這個階段，對外部世界物質上的探險是與嬰兒自己的身體經歷緊密聯繫在一起的，而且他的內心也開始能夠想像別的人會是什麼樣子。這樣的進展也來自於一種內心體驗——他們擁有一個對他們內心所想

的事情以及他們有什麼感受很有興趣的母親。然而，這個年齡的孩子並不會完全以這種方式發展自己的想像力。對此，下面有一個感人的例子。蓋瑪(Gemma)的母親說，當蓋瑪十三個月大時，有一天，她發現父親看起來有些沮喪。當蓋瑪煩惱時，她就會吸自己的拇指，並且捲著她的頭髮。現在她看到父親心情不好，她就爬到他的膝蓋上，吸吮自己的拇指，同時使勁拉父親的頭髮。

許多嬰兒在十二個月左右大時，很喜歡看大人吃喝，而且，在用餐時間常常想餵母親吃東西。當父親慢慢地喝著飲料時，巴尼（之前提過的）會站著一動也不動地盯著父親看——好像對喉結的上下運動特別地著迷。

和你的孩子一起玩

這個年齡的孩子經常會站在一處固執地盯著另一個孩子做事情，或者當另一位母親在超級市場或公共汽車上管教她的嬰兒時，他也會忍不住好奇地觀看，同時又感到十分地不好意思。剛剛學會走路的孩子對兩者之間發生的事情很感興趣，並把他們和他自己以及他母親劃上等號起來。像「媽媽的鼻子在哪裡？彼得

(Peter)的鼻子在哪裡?」和「繞著花園走」等親子間的遊戲都很受孩子喜愛,並且藉著這類的遊戲,他能不斷地學會辨別自己和另一個人之間的差別,學會弄清楚他是誰、他是什麼。

把物體放入容器中再把它倒出來,這樣玩了幾個星期後,孩子的手腳更加地靈敏了,他開始學習判斷哪些物體能放到其他物體裡。他此時會很喜歡一些東西,比如整套彩色杯組(它們一個個套在一起)。他開始用積木堆城堡,主要是為了感受在推倒它們時的興奮快感。把東西推倒或者把東西撒的到處都是的這種遊戲,給孩子提供了機會,他可以用一種安全且自己又可以控制的方法來表達自己的一種破壞慾。在這年齡的下半年裡,孩子對把模型塞入正確的孔中或做簡單的拼圖遊戲更感興趣。這樣一件任務的完成,給了孩子一種秩序感,同時對自己所做的事情有一種成功

和滿意的感覺。

在這個階段，孩子玩的時候大多需要和母親在一起或靠近他母親，以便他隨時能回到她的懷抱，向她展示他在做什麼，贏得她的讚賞或得到幫助。當母親正忙碌的時候，如果初學步的孩子能滿意地自己玩一會兒，那麼對母親來說不啻是一大幫助；儘管孩子們玩耍的時間長短不一，他這種自娛的能力一大部分來自嬰兒時與一位充滿愛心而興致勃勃的母親一起玩耍的經驗。母親要花些時間和孩子一起玩，最好能學著孩子的樣子，跟著他的意思走，這樣比母親一手主導來得好，這樣做對孩子將來的發展是很重要的。

有時看到孩子笨手笨腳地做事情，父母會變得很不耐煩。這時就會有一種極大的誘惑：乾脆幫他做好，不然直接告訴他怎樣做事情才會更好更快。然而經常這樣做，會逐漸侵蝕掉孩子的信心，使他不能獲得堅

持到底、忍受挫折的經驗。當萊姆絲(Ramsey)女士和她十三個月大的嬰兒泰莎(Tessa)一起玩時，就是這麼做的。當時，椅子上放了一隻毛茸茸的玩具兔子，因此泰莎只能看到它的臉。泰莎很快發現了玩遊戲的機會，就笑著爬過去。但在她快要拿到它之前，她的母親把它拿起來遞給她說，「給你，抱抱它。」泰莎奪過兔子，緊緊抱著，然後把它扔了出去，用這種方式來表示她對母親搶在她之前拿兔子的憤怒。過了一會兒，

泰莎再次很清楚地表示出她對母親過於熱心有多麼傷心。她坐在放滿積木的嬰兒車旁邊，在付出相當多的努力之後，泰莎設法從她放在地板上的積木中撬出一塊來，當她正要撬出另一塊來時，她的母親很快地就從中拿出兩三塊積木堆成一座塔，這時泰莎立刻拍打她的手並大哭起來。萊姆絲女士才恍然大悟自己做錯了事，趕快把積木放回去，並對女兒表示「對不起」。

社交性遊戲的開始

孩子們不到兩歲就開始一起玩了，但是在孩子到達兩歲之前，和別的同齡孩子相處並且玩在一起，會使孩子受益匪淺。開始時，他們最喜歡站在那裡直盯著彼此看，好像在仔細的打量對方。逐漸地，他們開

始互相追逐，互相模仿並來回的傳遞東西。有機會和家庭之外的另一個孩子在一起是十分可貴的，因為它為孩子提供了探究另一種關係的機會，這種關係不同於他自己家庭的那種與外界隔絕且氣氛緊張的關係。不同家庭的孩子之間，他們對母親的關心所引發的妒嫉和競爭感也是大相逕庭的。

使孩子早一點習慣和別的孩子在一起，不僅能幫助他開始建立社交關係，而且能夠使他在以後不可避免的搶奪玩具的競爭中更容易控制自己。期望這個年齡的孩子分享玩具是不切實際的——這是一項對孩子們來說難學的功課。現在，孩子更關心的是發現什麼東西是屬於他的，以及他能用這些東西幹什麼。

用模仿的方式玩耍

玩耍的最重要功能之一是能幫助孩子應付他生活
中所有複雜的感情——愛、恨、敵對和憂慮。就像我
們在前面的章節裡看到的那樣，孩子感到所有這些感

情主要都和他的母親有關。現在他更加意識到，餵他食物、安慰他和他所愛著的母親，和那個離開他或阻止他時又引起他妒嫉和敵對情緒的母親是同一個人。當泰莎對她母親感到生氣和傷心時，泰莎所做的一件事情是緊緊地抱住她的兔子，然後用力地把它扔出去；她對母親衝突的心情朝著兔子發洩出來，這是一種安全的方法，不會真正傷害到母親。

把玩具扔出去又把它們撿回來，或者要別人把它們拿回來，有時這是孩子用來克服他對人們出去和回來所產生的憂慮的一種方法。有一個非常有趣的「躲貓貓」遊戲是這年齡的孩子所喜歡的，也具有同樣的功能。它能使孩子宣洩情緒，以一種方式控制人們的進進出出，而這種控制能力在母親出去或晚上把他放在自己的小床時是沒有的。彼得十三個月大時，一天下午他母親出去買東西，把他留給爺爺照顧。母親一

離開，彼得就走過去，好像十分淒涼地站在他母親出去的門邊。過了幾分鐘，他回到爺爺那裡，爺爺把他抱到自己膝上。彼得在他爺爺的口袋裡找到了一支鋼筆，於是他便想出了一個遊戲：他把鋼筆塞進爺爺彎曲的手裡，並說「走吧」，讓鋼筆掉到地板上。他又笑又跳地把鋼筆撿起來，又玩了一次。他好像正在探究和仔細思考把東西扔出去和找回來的想法，也許當母親出去時他也感到自己被母親扔掉了似的。

英國著名的小兒科醫生和精神分析學家威尼科特(D. Winnicott)曾經說過，「在孩子的玩耍中常常帶有一種憂慮的因素。」我們看到當彼得母親離開後，彼得是怎樣想出一個遊戲來克服他悲傷的心情。他的遊戲幫助他躲避真實情況對他的衝擊，也就是在那種情況下他感到痛苦，而且一切也不在他的控制之下，因此，他的憂慮對他的行為起了激勵的作用。同樣的情形，佐

伊也發明出一種類似的遊戲。有一回她母親出門購物將她留在家裡和父親在一塊。佐伊很不高興地徘徊了一會兒，然後走過去拿起一只母親留給她玩的舊手提包，她把它掛在手臂上，在客廳門口很快地進進出出，並說「再見!」透過扮演離家的母親，使她能夠更容易接受這個事實，也就是她是個被母親留在家裡的小女孩。

緊張和失去玩耍能力

太多的憂慮或緊張可能會對孩子造成相反的效果，同時會阻止或破壞富有想像力的遊戲。當佐伊的父母外出一個星期，他們帶她的一個姐姐隨行卻讓佐伊留在家裡和她爺爺奶奶在一起。在離開家人的這段較長時間裡，儘管佐伊在許多方面都做得很好，然而

她遊戲時變得無精打采，好像精力都用完了。例如：父母離開前，她已學會自己走上樓梯，但是在這個星期她又重新開始爬行起來。同樣，她對以前喜歡並且可以做得很好的拼圖遊戲也失去了興趣，她只是把拼圖放在板上面而沒有放入正確的位置中。

　　母親的一位朋友講到佐伊在這個星期的行為：「給佐伊換好尿布，她不像平常那樣扭動著要起來，只是靜靜地躺著，並指著窗口說『喔』。」這位朋友記得佐伊母親怎樣帶她到窗前，觀看外面一個建築工地上的起重機，而這時佐伊就會說「喔」，但是現在她的聲音表現得有氣無力的樣子。當她被放到地板上時，她走過去找了本書，並想從裝訂好的一邊打開；當她做不到時，她開始撕起書來，並且把它扔到旁邊，一個人獨自抿著嘴輕笑起來。然後她又走開去找她的填充玩具兔，她拿起來給母親的朋友看，接著就把它扔在

地板上，並且對其他玩具也反覆的這樣做。後來，她走到她的遊戲室裡拿了兩輛小汽車和一個小人，拿著它們慢慢地走到客廳裡，好像還沒有決定做什麼。她把它們扔在地板上，然後她撿起了小人並把她的手指插在小人下方的小孔裡。佐伊這樣玩了一段時間，並且不時吸吮它。接著過去坐在小木馬上，自己搖了一會兒後，她表示要人把她抱出去，接著很快又回到了遊戲室。然後她回到木馬上，自己又搖了一會兒。

一般情況下，佐伊是一個精力充沛而果決的小女孩，她似乎表現出自己承受著很大的壓力。她透過說「喔」來想念母親和吮吸手指上的小人來安慰一下自己。當她回到遊戲室時，她似乎又能玩耍了。然而，她接著又在木馬上搖晃著，以此來安慰自己。

玩耍和成長

隨著時間的推移，孩子的遊戲變得越來越富有想像力了。例如：想探究一下是否有可能做一些他曾看到母親或父親做過的事情。這年齡的男孩和女孩都會玩母親餵奶或擦乾淨他們的玩具娃娃的遊戲。當作一種變化，他們也試著扮演別人的角色而不喜歡做一個依賴人的嬰兒。凱特(Kete)十八個月大，對鑰匙顯得

很感興趣，以致不到多久的時間，那串塑膠鑰匙已經不能讓她滿意——她要真的東西，父母為她找了一串舊鑰匙。她就開始做試驗，看哪裡能把它插進去，她在鎖上或孔上試，並隨身帶著它們。有一次，這些鑰匙竟被發現放在廚房櫃子的一只燉鍋中。在這段時間裡她很喜歡她的父親，晚上她十分高興地歡迎父親回家。前門發出鑰匙叮噹的聲音就是父親歸來的信號，她似乎很希望像父親那樣。當她母親把鑰匙插在汽車的

鑰匙孔裡並發動引擎時，凱特也會興致勃勃地看著。或許這也是她用來表達她想控制父母活動的願望的一種方式。

到這一年的最後，你的孩子更能和別的孩子一起玩耍了，而很重要的一點是他或她應該有許多機會這樣做。他開始發明一種「假裝」的遊戲，他在其中裝扮成不同的角色，制定規則並循序漸進。現在有機會和別的孩子一起玩耍，這能充分地提高他將來在幼兒遊戲團體或在幼稚園這些複雜而混亂的環境中把握自己的能力。

在孩子第二年的生活中，他已經從一個對世界瞭解很有限的幼兒，成長為一個急於闖入真實人生的初學步孩子。兩歲孩子的情感世界和智力活動都已得到擴展，現在你的孩子似乎變成一個完整的個人，正準備迎接外在世界的挑戰。

參考資料

☐*The Making and Breaking of Affectional Bonds*, John Bowlby, Tavistock Publications, London, 1979

☐ *Through the Night*, Dilys Daws, London Free Association Books, 1989

☐*Thinking about Parents and Young Children*, Martha Harris, Clunie Press, 1975

☐ *The Diary of a Baby*, Daniel Stern, New York Basic Books, 1990

☐ *The Child, the Family and the Outside World*, D. W. Winnicott, Penguin Books, 1964

協詢機構

□中華兒童福利基金會臺北家扶中心

(02)351–6948

臺北市新生南路一段160巷17號

□臺北市私立天主教附設快樂兒童中心

(02)305–8465, 307–1201

臺北市萬大路387巷15號

□臺灣世界展望會

(02)585–6300 轉 230~231

臺北市中山北路三段 30號 5F

□財團法人中華民國兒童福利聯盟文教基金會

(02)748-6006

臺北市民生東路五段 163-1號 3F

□財團法人臺北市友緣社會福利事業基金會

(02)769-3319

臺北市南京東路 59巷 30弄 18號

□財團法人臺北市覺心兒童福利基金會

(02)551-6223, 753-5609

臺北市中山北路二段 59巷 44弄 3號 1F

□財團法人臺北市聖道兒童基金會

(02)871-4445

臺北市天母東路 6-3號

□臺大醫院精神科兒童心理衛生中心

(02)312-3456 轉 2390

臺北市常德街1號

□中華民國兒童保健協會

(02)772-2535

臺北市忠孝東路四段 220號 8F

□中華民國兒童保護協會

(02)775-2255

臺北市延吉街 177號 8F

□中國大陸災胞救濟總會臺北兒童福利中心

(02)761-0025, 768-3736

臺北市虎林街 120巷 270號

□財團法人中國兒童福利社（附設諮詢中心）

(02)314-7300~1

臺北市中正區武昌街一段16巷 5 號

三民書局在網路上
與您見面囉！

從此您再也不必煩惱買書要出門花時間
也不必怕好書總是買不到

有了三民書局網路系統之後
只要在家裡輕輕鬆鬆
就好像到了一個大圖書館

全國藏書最齊全的書店
提供書籍多達十五萬種
現在透過電腦查詢、購書
最新資料舉手可得
讓您在家坐擁書城！

●會員熱烈招募中●

我們的網路位址是http://sanmin.com.tw

做孩子一生的朋友

~親子叢書系列~

父母的成長從瞭解孩子開始